倒産しない強い会社をつくる社長の仕事

原田繁男

すばる舎

はじめに

日本経済にも、ようやく明るい兆しが見えてきたと言われますが、中小企業経営者にとっては依然として厳しい状況が続いていることに変わりはありません。

そういう状況にありながらも、伸びている会社もたくさんあります。

私は経営コンサルトとして何百社もの中小企業の社長を見てきました。そこでつくづく感じるのは、会社を繁栄させるのも、滅ぼすのも社長次第——ということです。

とくに中小企業の場合は、その傾向が強いと言えます。というよりも、中小企業は社長そのものだと断言しても差し支えないのではないかと考えています。

二十代で上場を果たす社長もいます。創業四〜五年で、それをやってのけるのですから、いかに時代の流れに乗ったとはいえ、その先見性には驚くばかりです。多くの中小企業の経営者から見れば、まさに羨望の的です。

いまの時代は、ハードよりソフトが幅を利かせています。どんなに不動産などの資産があっても、ノウハウで劣る企業は生き残ることができません。

コロコロと変わる経済政策や情報化の加速、高齢化、二極化といった外部環境の変容とともに、企業経営のあり方も変化してきています。

モノが余り、消費が冷え込む昨今、事業の仕組みを工夫することで、新しい顧客を創造しようする試みが盛んに行なわれています。商品があまり変わらなくても、提供する仕組みが変われば、付加価値を生み出すことはできます。いくら新商品を開発しても、既存の仕組みでは顧客に十分な価値を提供することはできません。

いつの時代でもそうですが、社長に求められるのは「儲かる仕組み」をいかにつくり上げるかです。その仕組みに、いかに人材を配置して成果を出せるかということです。

いくら企業環境が変化し、企業経営の戦略が変わっても、それらを動かすのは人でしかありません。どんな業種の企業であっても、会社を動かすのは人そのものなのです。

社長は、その人（社員）をいかに有効に活用して利益を生み出すかを再認識して、改めるところは改める、間違っていたら正す、という意識をもつ必要があります。

いまのままで、いいはずがありません。企業経営では、現状で満足するということは許されません。常に戦略的な思考で、次の一手を考えて実践しなければ、企業はいずれ衰退します。このことに気づいていない、気づいていてもなかなか実行できない社長が多いのです。

成功は失敗の始まりです。成功している時こそ慢心しないで危機感をもつことが社長には必要なのです。逆に、いまうまくいっていないのなら、それはチャンスです。失敗は成功の始まりでもあるのですから。

不況であれ、好況であれ、伸びていく会社は伸びます。衰退していく会社は衰退します。要は、社長の能力ひとつで会社の将来が決まるのです。伸びている会社には、必ずその理由があります。また伸びていない会社にも、その理由があります。

本書では、とくに中小企業の社長が、自らどういう点をチェックすれば、より良い経営ができるのかを探ってまいります。

まず序章を読んでいただき、1章から4章までの39項目について、ぜひチェックしてみてください。社長として何が不足しているのかがわかります。

その不足分や欠点を補うことで、社長としてパワーあふれる仕事ができるはずです。それを経営に生かせば必ず会社は伸びます。いま苦戦している会社も、打開の糸口が見つかるのではないでしょうか。

本書が、強い会社に育てるための一助となれば私にとって望外の喜びです。ご健闘をお祈りいたします。

二〇一八年七月

原田　繁男

◎倒産しない強い会社をつくる　社長の仕事　もくじ

第１章

経営がわからないと勝ち残れない

第2章

事業の本質がわからないとダメになる

第３章

戦略的思考がないと生き残れない

第4章

懐が深くないと社員が離れていく

装　丁　遠藤陽一（デザインワークショップジン）
編集協力　北田好彦

序章

社長が変われば
社員も変わる

経営環境はますます厳しくなる！

「このままでいい」「いまのままでいい」――そんなはずはない

「これまで何とかやってきたんだから、このままでいいよ」

こういう言葉を中小企業の社長と話しているとよく聞きます。誰でも、いままでの〝経験則〟を崩すのには抵抗があるものですし、新しいことに挑戦するのを恐れるものです。

たとえば中小企業において、なぜ抜本的なリストラができないかというと、新しいことに挑戦するための首切りだとしても、首切りを含めたリストラのうわさが立って、資金繰りに影響が出ると考えるからです。実際に影響が出かねないため、人材を削減して経費を減らすということに躊躇してしまうのです。

経営の縮小期においては**「選択と集中」**、拡大期には**「選択と拡大」**が基本ルールです。資金繰りの問題が壁になるのですが、従来のやり方は通用しません。改革をせずにズルズルと経済の波に飲まれているのが多くの企業の実態です。流通業の中には、いつまでも拡大期の選択と拡大を追い続け、経営不振に陥っている企業が数多くあります。新しいことに挑戦しろといっても、何も自社に関係のない業種に転換せよということではありません。いまの時期、いえこれからは、どうやれば「選択と集中」が可能かを考えていく必要があるのです。

しばらくすれば経済は好転し、売上も倍増するのではないか……という考えが、中小企業の社長にはあるかもしれません。

「このまま仕事を続けていれば陽はまた昇る」などと考えて、ズルズルと借金を重ねているケースが多く見られます。いま従業員の首切りを行なえば、やがて人手不足になってしまうかもしれないと考え、人件費という経費を削減できないでいるのです。

ユニクロがなぜ売れているのかというと、しっかりと「選択と集中」を行ったうえで拡大に挑戦しているからです。大量生産を背景に、材料費などのコストを徹底的にカットし、値段を安く抑える。それと同時に、ブランドコンセプトを明確にして、それに見合ったクオリティの商品を用意する。そうした「選択と集中」が、海外展開などをはじめとしたユニクロの拡大を支えているのです。

積極的な戦略がないと衰退する

消費がなかなかふるわない状況下で、中小企業の社長もさまざまな試行錯誤を続けているはずです。ただ、その努力は、じきに右肩上がりの時代が戻ってきて、売上が増えるはずという、古き良き時代の考え方にとどまっている方が少なくありません。

縮小期には「選択と集中」が経営のルールです。現在の不況が構造的かつ恒常的であることを考えると、現状をそのまま続けることなどできません。良い時と同じやり方を続けていては、生き残れないのです。

消費者は、欲しいモノが、欲しい時、欲しい価格であれば商品を購入するわけで、何でも買ってくれるわけではありません。買わないのはモノ余りだからですし、消費者が買いたくないものは買われることはないのです。

□いま何が流行っているのか、何が売れているのか
□なぜ自社の商品が売れたのか、なぜ売れなくなったのか
□誰をターゲットにして、どのような販売方法をとったのか

□今後どのような方向に行くと考えられるか

以上の視点で、市場や顧客について再検討してみてください。

セールストークよりも全社的な戦略が問題になっているのです。いつかは良くなるという考え方は、成り立ちません。今後も構造的な経済環境の変化は起こり、さらに経営環境が厳しくなるのは、経営にたずさわっている社長ならば誰もがわかっていることではないでしょうか。

「こうしたら、これまではうまくいっていたから、今回も何とかなるだろう……」

このような、いままでの経験を頼りとした中途半端な売り方、経営姿勢は捨て去るべきです。

積極的な戦略がなければ、閉塞状況から抜け出すことなどできません。

今後、伸びるか衰退していくかは、社長が経営環境の厳しさを、「従来のやり方で乗り切れる」と考えるのか、「新しいものに挑戦する戦略を立てなければならない」と考え、実行するかによって決まってくるのです。

成功は失敗の始まりである

有頂天になると失敗の始まり

ある時、Y内装の山下社長（仮名）から相談を受けました。

この会社は、創業二〇年余、年完工高二〇億円、社屋も立派に構え、一応はカッコイイ中小企業の体裁を整えるところまでになっていました。しかし、数年にわたり赤字が累積し、債務超過は約一〇億円にもなっていました。どう考えても挽回は不可能です。

そこで私は、自己破産を勧めました。しかし山下社長は、何度も説得したにもかかわらず、決断しません。「M商事の三億円の仕事が何とか入りそうだから」と、それで乗り切れるなどと楽観してしまうのです。

それから八カ月後、どうにもならなくなり、山下社長は自己破産の申し立てをすることになったのです。Y内装は、創業時に景気の波に乗り、業容を拡大してきました。

ところが景況の悪化と同時に売上が減少しても何ら手を打つこともなく、いままで通りのやり方で仕事を進めてしまいました。

大企業ではリストラの掛け声のもとに思い切った手を打っているにもかかわらず、山下社長はそうはせず、ズルズルと倒産への道を歩くことになってしまったのです。

現在は、**「成功は失敗の始まり」**の典型的な時代です。それぐらい外部環境が激しく動いています。**会社は儲かっていると有頂天になった途端に下り坂になります。**成功しても、常に次の手を考えておかなければなりません。

「わが社はオレのやり方で今日まで伸ばしてきた」

たとえそうであったとしても、経済環境の変化の速度が速くなった時代においては、傲慢な考え方と言わざるを得ません。

人間の考え方はなかなか変わらないものですが、会社組織の考え方については、変えるべき時に思い切って変えなければならないのが社長の役目です。景気上昇による売上の伸びを期待し、強気で商売をしてきても、それが限界にきているならば、やり方を変えなくてはなりません。

頭の中では売上倍増の時代は終わったんだと思っていても、自己意識はそう簡単に変わるものではありません。倒産などよほどのショックがない限り変えることは難しいものです。しかし、それでは遅すぎます。

中小企業の特色のひとつは、自己資本の蓄積が少ないことです。ひとたび不況の嵐が吹き、売上が減少すればひとたまりもありません。

かつてのように、好景気と不景気を繰り返す景気パターンであれば、「そのうち何とかなるだろう」が通ってきた面もありますが、いまは経営の仕組みを抜本的に変えなければ生き残れません。山下社長も、債務超過になる前に改革していれば再起できる可能性がありました。何もなくなってから、事業を再起させるのは至難の業です。

事業に失敗する要因とは

今日は、**毎日が転換期**だと言えます。たとえば金融でも、高度に複雑化したデリバティブなどはプロの常識すら通用しないほど急速に変化しています。このような時代には、まず意識改革、つまり考え方を変える、あるいは発想を変えるなどして新しい事業を起こし、仕組みを変えていかなければならないのです。ここで、なぜ事業に失敗するのかをまとめてみましょう。

□社長・会社に経営理念がない（従来のやり方を続け、ジリ貧になる）
□顧客志向でない（良いモノをつくれば売れる。買わないのは客が悪いという考え方）
□ダボハゼ商法をやっている（商品や商売の絞り込みができない）
□エエカッコしいの経営に陥っている
□慢心して手を打つのが遅れる

中小企業の社長の特色は、自己資本の蓄積が少ないにもかかわらず、儲かってくると自己資金を蓄積せずに、「ベンツでゴルフ」とエエカッコしいをするということです（そうでない社長もいますが）。山下社長もご多分にもれずに、ベンツを奥さんとともに二台乗り回していました。おまけにゴルフはプロ級の腕前だと自慢していました。

「設備投資だよ」といって、利も生まない社長室を豪華にしたり、ビックリするほどの名画を社長室に飾って自己満足に浸っていたのです。

こんなことをしていると、ひとたび不況になれば、すぐさま赤字に転落します。

一度、赤字を出してしまうと、黒字化するのは簡単なことではありません。売上が激減し、加速度がつき、たちまち資金繰りにつまずいてしまうのです。こういった悪循環に陥ると、元に戻すのは容易なことではありません。それを肝に銘ずるべきです。

実際は大赤字なのに、決算書上は黒字という会社も往々にしてあります。つまり粉飾決算をしているのです。資金繰りのため、信用不安を招きたくないための架空の黒字です。

決算書を粉飾することはやってはいけないことですが、社長は、会社をつぶさないために数字を細工します。いかにして銀行から借入れをスムーズにするか知恵を絞ります。

「銀行から断わられたら手形が不渡りになる……」という思いで細工してしまうのです。

「乗り切れる自信があったんだが……」

倒産後に多くの社長が述懐します。しかし本当のところは、もはや打つ手はほとんどなくなっていたはずです。にもかかわらず、会社を存続させるために血の出るような思いでがんばったはずです。

その結果の倒産——。

厳しいようですが、自業自得だと言えるでしょう。見通しが甘かったのです。

社長は、常に毎日が転換期だというくらいの意識で、業務の流れを見ながら改革していかなければなりません。社長の頭脳がフレキシブルでないと会社は衰退します。

社長、外を見て内を固めていますか？

内を固めるというのは組織改革そのものではない

社長は外を見て内を固めなければなりません。外を見るというのは、絶えず外部環境の変化に対応していくということです。それに合わせて戦略、戦術を考えなくてはなりません。具体的には売れ筋商品を絞り込む、高級化、個別化、差別化を考えるとか、新規事業の開発などによって外部環境の変化に対応しなければなりません。

内を固めるというのは、内部の経営管理体制の革新をはかるということです。従来から「**組織は戦略に従う**」と言われてきましたが、これからは、同時に「**戦略は組織に従う**」ように進めていくことが必要です。また「事業は人なり」を再認識して、構成員の能力に応じて戦略を策定していくことも欠かせません。

その上で適切な経営管理体制をつくり、適切な管理行動を行なうことが重要です。ところが、経営革新というと、すぐ組織の改革に手をつけようとする社長が多すぎます。

企業の構成は、組織（仕組み）、能力（構成員の能力）、風土（文化）に分けられますが、内を固めるということになると組織だけを意識してしまうのです。しかし、**企業は社長以下全員の能力が結集できてこそ成長します。その能力を左右するのが経営風土です。**

革新・改革というと、すぐに組織、すなわち仕組みを変えようとしますが、いくら仕組みをいじって、部長、次長、課長をつくっても、真の革新にはなりません。

外部環境の変化に対応するには、組織が有機的にスムーズに機能することが重要です。ところが組織を動かしているのは、社長以下従業員の能力・行動であり、それらを規制しているのが組織の風土なのです。

ですから、組織、能力、風土は、一体のものとして考えるべきで、それぞれ切り離して考えるべきものではありません。あくまでも一体と考えて活性化をはかり、推進していくことが大切です。

しかし、そこで必ずといってよいくらい大きな壁にぶつかることになります。それを乗り越えていくためには、社長の人を見据えた管理行動、さらには前向きなパーソナリティが要となってくるでしょう。

あなたの会社の問題点は？

私は、講演や管理者教育の場などで、「あなたの会社の問題点は何ですか。社長の悪口でも何でもいいから書いてください」と前置きして、自由に書いてもらいます。すると会社組織や社長の問題点が浮き彫りになるのです。

その中から、「外を見て内を固める」ことについての問題点をまとめてみると、次のようになります。あなたの会社はどうか、チェックしてみてください。

●経営ビジョン

□経営に対するビジョンが打ち出されていない
□社長の経営理念が末端まで理解されていない
□五年後、一〇年後の目標が設定されていない
□目先のことばかりで、長期ビジョンがない
□従来のマンネリ化の打破が難しい

●経営計画・目標・方針

□具体的な経営方針が不明確である
□社長の方針決定が保守的である
□将来の売上目標だけの計画で、達成のための年次計画を立てていない
□場あたり的な経営をやっているように思える
□目標設定が甘く、計画性がない
□方針がクルクルと変わり、具体的でない
□改善案はつくるが、そのまま何もしない
□社長以下幹部は、ただ闇雲に売上だけを伸ばそうとしている

●組織

□やる気の出るような組織づくりがなされていない
□権限と責任が不明確である
□責任の所在がハッキリしていない（責任感の欠如）
□社長が自分で決めたことについて責任をとらない

□組織内容がわかりにくく、余計な仕事が多い
□形ばかりの組織で、業務内容がバラバラ
□個々人の職務内容、職務基準がハッキリしていない
□命令系統が統一されていない

いかがでしょうか。思い当たる節のある社長は、さっそく問題点を解決すべく動いていただきたいと思います。

社長！　変わらなければ電話帳から消えます

マンネリ化したら企業の寿命が尽きる！

多くの企業が儲からなくて右往左往しています。消費もなかなか回復しません。経企庁や日銀短観などが景気はゆるやかな上昇傾向にあると発表しても、そうでもないというのが、多くの経営者の実感ではないでしょうか。

多くの企業がリストラに取り組み、組織のスリム化をはかっていますが、人員整理、業務改善だけでは、根本的な解決にはなりません。

恒常的な不況の中、単なる改善・提案活動だけでは革新的な改革にはならないということを多くの経営者が身に染みてわかっていることと思います。企業の存立基盤がゆらいできているので、企業の仕組み自体を革新しなければならないのです。

儲からなくなった企業が儲かるようになるためには、従来のような小手先の手段や改善・提案活動ではダメだということです。儲からなければ倒産に至らざるを得なくなります。ですから、**儲らなくなってきた企業は、これまでの仕組みそのものを見直さなければならない**のです。

そのためには、社長自らが自己改革しなければなりません。そうでなければ、仕組みを変えることができるはずがないのです。「昔は儲ったから」「やれば儲かるはずだ」と形だけの活動に終ってしまい、マンネリ化して形骸化するのがオチでしょう。

にもかかわらず、「うちには人材がない。売上が上げられないヤツばかりだ」と、従業員のホンネもわからずに、売上目標だけを掲げてラッパを吹いている社長が実に多いのです。また、特効薬を追いかけて新しい経営手法ばかり模索している社長もいます。

しかしその前に自らが変わらなければ、組織の活性化は、はかれません。

社長というのは、自分が思っている通り、考えている通りに働いていないと、「君は能力がないからダメだ」「能力があるヤツはうちにはいない」と、自分の意にかなわない社員を責めるものです。

しかし、これでは何も変わりません。

まずは社長が意識改革せよ

民間信用調査機関の企業倒産の調査データによると、中小企業の倒産原因の最たるものは販売不振だそうです。販売不振であるにもかかわらず、経営改善を行わず、何とか資金繰りをしてして、これまで通りの経営方針を変えることなく踏ん張ろうとする社長が、残念ながら多くいることの証左といえるでしょう。これでは、マネジメント・経営以前の問題――社長の考え方・意識・資質などに問題があるとしか言えません。

K工業は、黒田社長（仮名）が三〇代で創業した改装工事を主体とした会社です。黒田社長は創業時より強気一辺倒で一〇億円を超える売上を達成するまでの成長を遂げたのです。順調に売上を伸ばしてきましたが、ある時を境に売上が五億円にまで落ちてしまいました。

このため金融業者から一億円の借入れをしました。それでも資金が回転せず、手形をジャンプしたり、買掛金の支払いを延ばしたりしていたのです。

銀行からの借入金は二億円で、個人資産はほとんど担保として提供しています。いよいよ手形の決済に追われ、どうしたらよいか迷って知人を介し、私に相談がありました。

月商の約五倍にのぼる銀行からの借入があり、さらには金融業者からの借入で、現実は債務超過の状態です。

結局、黒田社長はしばらく後に自己破産を申請しました。破産の一番の原因は三期にわたり売上がダウンし、借入金がどんどん増えたにもかかわらず、人員整理をはじめとした経営改善策をとらなかったことです。

社長の売上第一主義がアダとなったのです。「何とかなるだろう」と自転車を必死に漕いできたことが倒産を招いてしまいました。

黒田社長は、経営環境の変化を軽視し、目先の仕事や資金繰りに振り回されて、会社の現状を正確に把握することができませんでした。売上がダウンして借入金が月商の二～三カ月分に達した段階で抜本的な改革をしなかったことが招いた悲劇です。いくらがんばっても受注高が増える可能性はありませんでした。

この段階で非情といわれても人員整理をして減量をはかるべきでした。人情家だけに決断できなかったのかもしれませんが、経営者としては心を鬼にして決断する必要があったのです。

社長には図太い根性とマネジメント技術が不可欠ですが、**時には非情になることも必**

要です。その決断ができるかどうかが問われています。

仕事を受注することに力を入れ過ぎ、管理が行き届かないで、ひとたび資金繰りが悪化すると、資金繰りのための赤字受注を余儀なくされ、それが累積して赤字は雪ダルマ式に膨れ上がります。こうなると中小企業の場合は、まず倒産します。

黒田社長は、金融業者からの借入利息（月利二％）が安いということで飛びつきました。資金繰りが悪化すると、何とか会社を倒産させずに維持していこうとマチ金融に手を出すようになるのです。危機に直面したものでなければ、その気持ちはわからないかもしれませんが、マチ金融から資金を借りて資金が回ることなどあり得えません。

社長の器が大きくなれば会社が大きくなる！

人間の器以上のワンマンは危険！

中小企業は大企業と異なり、生業や家族的個人企業の延長が大部分であるといってよく、会社の形態をとっているものの、ほとんどはワンマン経営です。したがって、社長がすべて意思決定することになります。部長、課長はいるものの、本当の意味での権限委譲がなされていません。

ある程度の規模に会社が成長しても、あいかわらずワンマン経営が多いのです。取締役会を開いて諮るものの、最終的にはトップがすべて決定してしまいます。

ある中小企業の有力団体の調査によれば、トップダウンが六二％、稟議制度（ボトムアップ）が二四％ということでした。ボトムアップと回答したものも、意見は聞くが最終的には社長が意思決定をしているというものがほとんどでした。中小企業では、おそらく

器の大きな社長とは？

① 仕事に本気になれるか？

② 自己変革をしているか？

③ 未完成な人間であることを自覚しているか？

④ 決断することができるか？

⑤ 覚悟してことにあたっているか？

⑥ 恥をかくことを恐れず、勇気があるか？

九〇％以上はワンマン的意思決定と思われます。

ですから、企業が順調に成長している時はいいのですが、一たびつまずいたり、暴走してしまうと歯止めがかからず、倒産ということになるケースが多いのです。**自分の器がどのようなものなのか**をつかんでおき、器以上のワンマンは危険であることを自覚しなければなりません。

社長の器以上に会社は大きくならないものです。会社が伸びていく時、年商一億円、五億円、一〇億円、三〇億円、五〇億円の達成にはそれぞれ厚い壁があると言われています。その壁を破り、次の目標へと進んでいくには社長が自己変革し、壁を乗り越えるごとに自らの器を大きくしていかなければなりません。

中小企業は、社長が自己変革を続けていけば、必然的に会社が大きくなっていきます。

社長は偉い役職ですが、その職務にあたる個人はあくまでも未完成な人間にすぎないと自覚すべきです。その上で自己研鑽に励まなければなりません。それが社長という役職です。

伸びる会社にするためには、社長がまず変わることです。

業績が低迷しているのなら、なおさらです。

中小企業の場合は、社長がすべてなのです。社長の器が小さくては会社が大きくなることはないのです。業績をグングン上げていくこともできません。

第1章

経営がわからないと勝ち残れない

1 「経営ビジョン」がないと会社はどうなるか？

経営ビジョンを明確に示せない社長に魅力はない

経営ビジョンを明確にしないと社長は務まりません。しかし、自分の生き方についての信念とか、部下を指導していくための指導理念をもたない社長もいます。毎日「忙しい、忙しい」と日常業務に追われ、「経営ビジョンだけでメシが食えるか」「精神論なんかよりも明日からの仕事を開拓しなくては」と自分で仕事を抱え込み、結局、仕事に追われているのです。

これでは一〇年、二〇年たってみると、「無為に終わってしまった」「何のための事業だったのか」とガックリすることになります。社員からも「ウチの社長には信念というものがない」「ウチの社長は何を考えているのかわからない」「ウチの社長ときたら朝令暮改でクルクル方針が変わるからついていけない」などと反発されるようになるのです。

その日、その日の糧を得るための日銭仕事ならばそれでもいいのですが、少なくても企業である以上は、まず会社の経営ビジョンを明確にする必要があります。

企業を統率する社長が、何の理念もなく、目標、方針を示さないようでは、社員は転職を考えるようになるでしょう。そんな社長に魅力を感じてついてくる社員はいません。社長の魅力は経営ビジョンにも左右されるのです。

自分の言葉で経営ビジョンを語れ！

社長は、価値観、つまり自分の見方、考え方を確立する必要があります。将来にわたっての見通しや経営ビジョンを明確にするための意思決定ができるように、価値判断能力を養う必要があるのです。

経営理念を確立するといって、他社の理念を「社是社訓集」などから借用したり、古典から引用して経営ビジョンとしている社長もいますが、これでは困ります。あくまでも**自分の見方、考え方を自分の言葉で表現する必要があります。**

K市のK工業の黒木社長（仮名）は、次のような経営ビジョンをかかげ、「社員を大切にする全員参加の経営」を基本方針にして、創業三〇年あまりの会社をさらに発展させています。

〔経営理念〕　お客様の満足・取引先の満足・従業員の満足・企業の満足――われわれは4つの満足をもって社会に奉仕し、企業の永遠の発展を目指し、一日一日の事業活動に精励する――。

K工業では、補佐役の専務が事業を取りしきって、後継者も育ってきたので、社長は重要な決定だけをしています。黒木社長は、関連会社数社の社長を兼ねています。また業界団体の役職をつとめるなど、リーダーとして活躍しています。

黒木社長は次のように言います。

「私は何もしていません。重要な決定だけが私の仕事です。社長が飛び歩いているような企業はほとんど業績は良くないのです。権限を委譲して、社員のやる気を引き出すようにするのが社長の務めです」

黒木社長は、現在、K市の商科大学の大学院で勉強を続けているのですが、自分の意思決定の精度を高めており、従業員に対して頭ごなしに意見を言うことはありません。

F社の経営ビジョン例

[経営信条]

- 経営とは自ら変化に対応して永遠の成長を目指すことである
- 経営とは事業活動のあらゆる局面でのあくなき効率、結果の追求である
- 経営とは社員の英知とエネルギーを集結することである

[経営目的]

- 多様化する市場のニーズを先取りして柔軟な生産システムを創造し、機能的なソフトウエアと革新的なテクノロジーを提供することによって、社会の充実に貢献することが我々の事業活動である
- この事業活動を通じて、社員に生き甲斐と充実した人生を築くための場を提供することである
- 株主に対して安定した高配当を実現することである
- 地球人として高い教養と協調性によって、グローバルな繁栄をさせる

社長自ら先頭に立ってやってみせるとか、現場を回って叱咤激励するという旧来型のリーダーシップでは人はついてこないのです。

これからは、さらに価値観が多様化し、人材が流動化します。すでに雇用形態も大きく変わっています。社長が口先だけで、いくら社員を大事にしていると言っても、確固たる経営ビジョンとして示し、具体的に実行しなければ社員の気持ちをひとつにまとめていくことはできないのです。**確固たる経営ビジョンが示せないということは、具体的な戦略を何も考えていない**ということなのです。

2

「具体的な方針」がないとどうなるか？

社長の目標・方針ですべてが決まる

コンサルティングの現場で、社員に「現在の会社の問題点は何か」と質問すると、たいていどの企業でも「トップの方針が明確でない」「コミュニケーションが悪い」の二つが上位を占めます。トップの方針が明確化されていないために、モチベーションが上がらないというケースが実に多いのです。

社長は、企業理念をまず示し、その上で具体的な目標・方針を示して、社員の能力を結集するように努めなければなりません。それが社員の志気を高め、やる気を引き出すことになるのです。

これが業績の向上につながる図式だということを理解していない社長が多すぎます。それでいて、次から次へと新しいマネジメント手法を求めます。

目標設定の６つのステップ

① 自分の強み、得意分野の確認
② 市場動向、技術動向の確認
③ 新規事業展開のメニューからのジャンル選択
④ 新規事業の候補リストの作成
⑤ 新規事業のリストの中からいくつかに絞り込む
⑥ 以上のステップによって進める。優先順位をつけ、その中から最終的に選択し、社長が決定する

企業理念もなく、目標が明確でないようでは、具体的な方針を立てることはできません。かつては「企業の寿命三〇年」といわれたものですが、いまでは企業の平均寿命は二三年ほどです。企業も時代に合わせて変革をしていかなければ淘汰されていきます。そうならないためには、より具体的に目標を示し実践することです。つまり方針を明確に打ち出して徹底させることこそ重要であり、そのためには次のような要素が必要です。

①方針は、総合的、全社的に展開する

②方針は強力なリーダーシップを発揮することによって徹底させる

③方針は大事なことから決めていく。企業経営上問題点はいくらでもあるが、すべてを総合的に解決することにはムリがある。そのため「いまやらなければならないことは何か」をよく把握して優先順位を決める

④方針は具体的でなければならない。たとえば協力業者への早期発注の徹底、手待ち、手戻り、手直しをなくす、クレームを半減させる、というように

⑤方針は社長から現場へと一貫させる。また、上から下に行くごとに具体的になっていかなければならない。だから、社長が「火の用心」、部長が「火の用心」、課長が「火の用心」と言っているようでは意味がない

⑥方針は、長期方針、中期方針、年度方針などとして示されなければならない。これを徹底して実行することで社員の志気も高まる

方針を具体的に実行するには権限と責任を明確にせよ

中小企業の社長から「部下にまかせているのにどうもうまくいかない」という相談をよく受けます。結論から言いますと、「権限も責任もいっさい部下にまかせるんだ」という考えでいると過ちを犯します。

社長は、「**権限は委譲できるが責任は委譲できない**」ということを理解しておく必要があります。

もちろん担当者にも責任はありますが、最終責任はあくまでも社長にあります。そのために標準（きまり）を設けて権限を委譲するのです。

そのためには、諸規程、とくに職務規程などの規程類、作業標準などの標準類を整備していく必要があります。権限を委譲したら、基本的には指示・命令をしてはなりません。このルールを知らないと、部下はどこまでやってよいのかが判断できないで困ることになります。

また異常（緊急事態）が起きた場合などに、誰が何をやるべきかがはっきりしていないことによる問題も多いものです。したがって、責任の所在をはっきりさせる必要があります。

B建設の横田社長（仮名）は非常に勉強家で、経営についてもよく勉強しています。業界のリーダーとして、また団体役員としてもリーダーシップを発揮しています。中高層ビルや一戸建て建設を主にやっていますが、店舗を構えてリフォーム業にも進出しました。キャッチフレーズは「棚板一枚から！」です。

Ｂ建設では顧客から引き合いがあると、担当者がすぐに出向いて打ち合わせをします。その上で、見積書、簡単な仕様書、手配書を作成します。ところが、離れた本社の社長の決裁を受けてからでないと提出できません。そのためか翌日はおろか数日たっても見積書が提出できないこともあるのです。これでは折衝から正式受注までに相当な時間がかかってしまいます。担当者は「社長から権限を委譲されていないので、非常に仕事がやりにくい」と口を揃えて言います。

しかし大規模工事ならいざしらず、小規模工事であれば、「小回りを利かす」ことで大手企業に対して優位に立つことができます。

「棚板一枚から！」というキャッチフレーズでリフォーム戦略を展開しているのですから、引き合いがあったら見積書を翌日にでも提出するようにしなければ顧客に逃げられてしまいます。

小規模工事が多いのであれば、大手企業のやり方や経営学の教科書にあるようなやり方では、具体的な方針を実行することなどできません。少なくとも担当者に方針として、所定の利益を確保することだったり、三〇万円以上とか五〇万円以上の場合のみ社長の決裁を受けるといったりするようような原則を決めておくべきです。

さらには実際の仕事は原則どおりにいかない場合がありますから、例外のケースの決裁基準を決めておけばよいのです。

そうしておけば、権限の委譲や責任の問題も生じません。

ビジネスの現場ではスピードが重視される面が多くあります。

方針を具体的に実行するためには、権限と責任を明確にできるような流れをつくる必要があります。そのためには、まず権限を委譲する範囲をきちんと決めておくことです。

3

「収益感覚」に乏しいとどうなるか？

儲からない事業はビジネスではない

ビジネスの基本は、難しい理屈ではなく、ナニワの挨拶のとおり「儲かりまっか」に始まって、まず**収益感覚がなければなりません。**

平成不況を契機に商売が次第に難しくなってきていることは、多くの社長が実感していることでしょう。もちろん、バブルのイケイケ右肩上がりを経験していない社長さんも多くいらっしゃると思います。いずれにせよ、多くの企業は成熟型消費傾向に合わせて、自己変革や新しい取り組みを試みています。

たとえば流通業でも、業態変革を通じての改革が日進月歩で進められてきています。大量販売から個別対応を指向し、多品種・選択可能な商品を準備して、高級化・差別化のニーズに対応する店舗が多くあります。スーパーなども、新鮮さを売りにしているようなチェーンもあります。

都市の生活行動が二十四時間化し、それに対応して二十四時間営業の店舗も増えてきています。それこそ、夜間のみ開業する歯科医なども増えてきています。人々の生活行動圏が変化してきているのです。

インターネットの普及で需要地域も広域化しました。ネットショッピングで活魚だって手に入る時代です。こういった傾向が加速するにつれ、業態開発、品揃えの高度化が進んできています。

しかし、中小企業の中にはまだ対応ができず、いたずらに時を重ね、倒産・廃業へと追い込まれていくケースも少なくありません。「これではやっていかれない」と嘆き、手をこまねいているのが多くの小規模企業の実態ではないでしょうか。

社長の収益感覚に問題があることが多いのです。儲からなくなってきたならば、卸・小売業では品揃えを見直さなければなりません。

製造業は、〝つくるもの〟の見直しが必要です。業態開発、新規事業開発、多角化、事業転換などをはかって、生き残り戦略を展開しなければならないのです。それも余力のあるうちに、一刻を争って手をつける必要があります。

ある時、友人を通じてM工業の三宅社長（仮名）から相談がありました。不渡りの連鎖で金融業者から返済を迫られ、融通手形の被害者でもありました。ところが手形ジャンプ、高利借入などで、一年以上も自転車操業をして、傷口を大きくしてしまい、結局、倒産に至ったのです。もちろん税金も滞納していました。

社長は、撤退、整理、事業転換などを、ビジネスのプロセスとして考える必要があります。ときには早く自社の状態を把握して勇気をもって決断することも社長の役目なのです。延命をはかるのではなく、余力のあるうちに一日も早い再建（事業転換）を考えるのです。

利益率は常にチェックする

小規模な卸・小売業では、利益率、値入率を理解していないで商売をしているケースがみられます。社長ですら理解していないということが少なくないのです。これでは、収益感覚以前の問題ということになりかねません。

L商事の社員に「一〇〇円のものを一四〇円で売ったら利益率はいくらですか？」と質問したところ、全員から「四〇％」という答えが返ってきました。社長ですら「四〇％

じゃないの」という答えで、二八・五七％という答えは返ってこなかったのです。

「それでは値入率は？」という質問をすると「わからない」という返事。「はじめて聞いた」などと社長が言いだすありさま……。こんなことは、大学の経営学部・商学部では教えません。商工会議所や商工会でも教えていないことです。しかし利益率や値入率は、小売業経営の基礎知識で、卸売業や製造業においても必要な知識です。たとえば、原価が一〇〇〇円のものを売価一五〇〇円に設定して売るとすると、五〇〇円は五〇％の利益率ではなく、五〇％の原価値入率で、三三・三三％の売価値入率ということになります。

実務においては、この値入率を独自に決めるわけにはいきません。業界の慣習、競争価格、差別化要因（ブランド、デザイン、品質、機能、アフターサービスなど）、さらに顧客のニーズによって異なってきます。需給関係で売価以上になる場合もあるし、売価以下になることもあります。

売価設定は、商品の「仕入原価」プラス「営業経費」プラス「利益」というわけにはいかないのです。

よく「利は入れ元にあり」と言われ、仕入原価が割高であれば割高の売価設定になり、営業経費が同業他社と比較して割高であったとすれば、それらをもとに

損益分岐点をチェックする

損益分岐点＝固定費÷（1- 変動比率）

（計算例）
売上高 10 億円、変動費 6 億円、固定費 3 億円の会社の損益分岐点は

$$\text{損益分岐点}=\frac{3\text{億円}}{1-\dfrac{6\text{億円}}{10\text{億円}}}=\frac{3\text{億円}}{0.4}$$

$$=7\text{億}5000\text{万円}$$

して売価を決めても売れるはずがありません。

そこで、競争価格を調べ、その価格で売れるかどうかを検討し、それに基づいて仕入価格を交渉しなければならないのです。仕入先はできるだけ多く利益を見積るでしょうし、自社もまた仕入単価をできるだけ低くしなければ売価が割高になります。

そのネゴシエーションがポイントになりますが、それは当然、需給関係に左右されます。社長の収益感覚が一番発揮される場面です。

自社と他社とを比較する、業界の指標と比較するというときに、収益感覚に基づかなければ、良いのか悪いのか、自社がどういう状態にあるのかを把握することができなくなるのです。

4

「計数感覚」が乏しいとどうなるか?

自社の適正規模の仕事は一件当たりいくらか?

中小企業であるH建設の財務部長に、吉村社長(仮名)を説得してくれと依頼されました。吉村社長は、どんな小さな仕事でも断わらずに受けてしまって、仕事はたくさんあるものの、忙しいだけで儲からないのだといいます。そこで、「工事金額の層別分析」をやってみました。その結果で、吉村社長を説得しようと思ったのです。

次ページの表を見てください。適正な工事規模は金額でみると一五〇〇万円から一億円ぐらいです。さらに詳しく分析した結果、一番寄与している工事規模は、金額で五〇〇〇万円から一億円くらいの工事であることがわかりました。五〇〇万円未満の工事は件数が多く一件当たりの金額が低いことがわかります。利益率が一五・九%あったとしても、工数その他直接原価を計算すると赤字になってしまいます。小規模工事が全

H建設の工事金額層別分析

分類名称（千円）	件数	契約額（千円）	損益額(千円)	利益率(%)
100,000以上	4	1,146,625	88,903	7.8
100,000～50,000	6	425,328	51,473	12.1
50,000～30,000	13	488,555	57,602	11.6
30,000～15,000	10	224,530	28,838	12.8
15,000～5,000	10	90,470	12,025	13.3
5,000未満	174	134,186	21,303	15.9
リフォーム工事	(13) (48)	35,753	4,814	13.7

体の足を引っ張っているのです。

また一億円以上の仕事で、利益率七・八%という数字は、実際には儲っていないはずです。要するに一億円以下の工事の儲けを食いつぶしていることになります。

極端なことをいうと、H建設は一億円以上の仕事の受注をやめ、五〇〇〇万円以下の仕事の利益率を高めれば、適正規模の受注活動ができるはずです。背伸びして規模の大きい工事を受注しようと虚勢を張った経営スタンスでは、落ち着くところは決まっています。

H建設の場合は、規模の大きい工事となると入札、見積り合わせになるはずですから不利です。それよりも適正規模の工事にフォーカスすることが必要でしょう。そうすることで利益率が大幅に向上するはずです。売上高も大切ですが、利益が出なければ何にもなりません。

この分析結果をもとに適正規模の受注にシフトするように説得したのですが、吉村社長は聞き入れようとはしませんでした。

H建設は、その後も完成工事高を競うばかりでした。その代償として一五億円もの借金を抱えることになってしまい、いまだにその赤字は解消されていません。

売上第一主義で、儲からない仕事ばかりやりすぎた結果、青息吐息の状態になってしまったのです。計数感覚が欠如しているのです。

Bランク商品の見極めが重要

「ABC分析」は、売上高を商品（群）、得意先、地域別などに並べ替え、順位をつけてA、B、Cのランクに分類し、ランク別の管理を行なう手法です。

とくに重要度の高いAランク商品を重点的に管理しようとする手法で、実務的にはよく利用されますが、多くの中小企業では活用しきれていません。これも、中小企業の社長が計数感覚に乏しいことのあらわれだと思います。

ＡＢＣ分析のランクづけは企業によって異なりますが、全体の構成比に対して八〇％程度までをＡランク、一〇～一五％までをＢランク、それ以下をＣランクにするのが一般的です。Ｃランクの商品は、全体の三～五％ぐらいであり、一つや二つの商品が売れなくても売上への影響はあまりありません。そのためＣランクは切り捨てるか、あまり力を入れないようにします。

企業に与えられた物理的時間は限られており、その中で効率を良くするためには優先順位をつけなければなりません。もちろん、Ｃランクの商品が明日のＡランク商品になる可能性もありますが、**絶えず商品の分析は怠ってはならない**のです。

Ｂランクの商品や仕事は、だいたいその幅が一〇％くらいです。売上が一〇％以上になれば、Ａランクに仲間入りする可能性がありますから、絶えずＢランク商品を開発したり、Ｂランク商品の販売促進にも努力します。Ｂランク商品はわずかな幅でＡランクにもなりますし、Ｃランクすれすれの商品もあります。そのため、より積極的に販売促進するかどうかを見極めることが大切です。そのためには計数感覚を鋭くして、数字に敏感になる必要があります。

ただし、数字に敏感である必要がある反面、数字一辺倒でもいけないのです。

数字に頼りすぎると判断を誤りかねないので、どこまで数字に頼るのか、どこからは数字以外の要素を取り入れるかといった計数感覚を磨く必要があります。

商品やサービスが多様化し、差別化要因も、ただ品質・機能だけではなく、デザイン、ブランドイメージ、品揃え、アフターサービス、接客方法など多岐にわたっています。だから売上高だけの分析だけではダメなのです。

売上高だけでなく、粗利益率、在庫回転率、交差比率など総合的に分析することが必要です。

5 「経営システム」を確立しないとどうなるか？

顧客第一主義に徹する

多くの大企業では、一時期、部・課長制を廃止し、横並びのマネージャー制導入を奨励しました。役職ばかりの組織・システムの弊害からの脱皮をはかろうとしたのです。部長・課長の肩書が消えてしまうことになりました。

ただ、このマネージャー制度はうまく機能した企業もあれば、失敗に終わった企業もあり、やはり日本的なピラミッド型の組織づくりに帰結しつつあります。

しかし、それは大企業に限ってのこと。中小企業で、大層な組織の階段が本当に必要なのか、いまこそ考えてみる時期でしょう。

中小企業のM不動産は、横山社長（仮名）の考えからか、大企業並みの組織図を誇り、役付きばかりで一般社員はわずか数名、背伸びした組織ゴッコをしているとしか思えないような経営システムをとっていました。大企業がどうにか賃金コストを抑えようといろいろな策を打っているにもかかわらず、販売優先の施策を取り続けた結果、大幅な赤字の累積で資金繰りに苦しむようになってしまいました。

このように不必要なまでの組織ゴッコをしているのは、会社を大きく見せようとする虚栄心が働くからです。中小企業には、このような役付きばかりの企業、頭デッカチの組織が信じられないことに多く見られます。ですが、これではうまく機能しません。ただポストを与えただけでは真の活性化につながらないのです。不要な組織ゴッコでエエカッコシイをしている時代は遠く過ぎ去ってしまいました。産業構造が20世紀とは大きく変わってきているわけですから、企業の経営システムも時代に相応して変化していかなければならないのではないでしょうか。

にもかかわらず、いまだに企業規模に合わない部長、課長、係長、主任などという組織ゴッコをしていては時代の流れに乗り遅れてしまいます。

組織ゴッコよりは、顧客のために何ができるかを考えてください。従来の生産者中心主義（プロダクトアウト）の組織体制では、顧客の満足は得られません。

マーケットイン（顧客第一主義）に適合するような組織・制度への革新をはからなけ

ればならないのです。さらには社会全体の利益を考えることも大切になってきます。

このような経営システムを確立するためにも、自社の企業規模に合ったフレキシブルな組織づくりを目指していただきたいと思います。

まかせるにもまかせ方がある

W食品の金子社長（仮名）は、非常に人情味のある人物です。その社長は、数年前の過大な設備投資がたたり、売上減少により資金繰りに奔走する毎日を送ることになりました。

W食品も、ご多分にもれず、総務部、経理部、営業部、仕入部などの組織ゴッコをやっていましたが、資金繰りが忙しくなってからは目が行き届かなくなりました。社長が毎日の資金繰りに追われ、生の情報が入らなくなったのです。

営業をまかされていた営業部長は、能力を買われてスカウトされてきた人材なのですが、金子社長から「いっさいまかせるから、うまくやってくれ」と言われただけで、営業方針などがまったく示されず、グチをこぼすようになりました。金子社長も「まかせているのにうまくやらない」とこぼす始末です。

資金繰りに追われるようになってくると、経理担当者は銀行借入などのための書類作りに追われるようになります。ましてや赤字の累積が始まり、加速してくると、絶えず入金と出金を見比べて不足分をどう調達しようかと、頭を白くするほど走り回らなくてはなりません。業務の細部に社長の目が届かなくなり、営業部長も社長から何の指示もなく、報告・相談しようにも社長が走り回っていてできなくなりました。

権限の委譲というのは、まかせっきりにすることとは違います。経営システムが確立できていないと、権限の委譲がシステム化できません。「まかせた」というだけでは、まかせたことにはならないのです。権限の範囲を具体的に示して権限を委譲しなければ意味がなく、かえって混乱をきたすだけです。ついにはW食品は赤字が赤字を呼び、いきつくところまでいってしまいました。

Y水産の茂木社長（仮名）は真面目な二代目社長ですが、典型的なワンマン社長です。魚類の加工・販売で数年前までは、年商二〇億円以上で、従業員も、工場と事務所とをあわせて一〇〇名以上いました。ところが茂木社長は、経営システムが確立していないためか、部下に仕事がまかせられません。自分の机の上に注文伝票から、工場への加工指示伝票に至るまで、うず高く積み上げてすべての書類にハンコを押すのです。

毎朝四時に起きて、工場への指示なども、すべて自分でやっています。細かいことまで、一つひとつ自分が口を出さないと気がすまないのです。おまけに「うちの従業員は指示しないと何もやらない。能力のないヤツらばかりだ」と嘆きます。

それに輪をかけてダメなのが、茂木社長の奥さんで、事務所に出てきて従業員に指示するので、命令系統が二本立てになって従業員が困惑していました。これは経営システムの確立以前の問題です。また、奥さんが感情的に従業員を処遇するので相当数の従業員が辞めていきました。

いまでは、工場も人員が四〇名、売上高は五分の一に落ちてしまいました。まかせ方がわからないとすべて自分で仕事を背負い込んでしまいます。これでは部下は責任をもって業務を遂行しようとは思わなくなります。やる気をなくしてしまうのです。

6 「マネジメントの原則」を知らないとどうなるか？

資金繰りだけがマネジメントではない

Ｋフーズは業歴三十数年の食品総合卸売業者です。ここ数年、流通業界の環境変化の影響を受け、次第に業績が悪化していました。加藤社長（仮名）は、このまま推移すると、早晩、資金繰りに行き詰まってしまうのではないかと危惧を抱くようになりました。

物流コスト、人件費の上昇などが経営を圧迫しており、今後さらに厳しさを増してくることは火を見るよりも明らかです。

このような状況に直面して、加藤社長は根本的な経営改革の必要性を痛感しながらも手が打てず、毎日資金繰りに奔走していました。

ところが加藤社長は悪い時期を乗り切った経験がありません。マネジメントのことなどあまり考えなくても業績が伸びていたからです。当然のように経営姿勢が甘くなっていました。
じつはKフーズは数年前、周囲の反対を押し切って社屋の建設を行なっていました。過大な建設資金のすべてを借入金に頼ってしまっていたため、次第に支払利息がかさみ、資金繰りが悪化してしまったのです。

資金繰りが悪化してくると、社長の目がそれ以外には届かなくなります。仕事を部下にまかせきりで、社長は資金繰りに奔走するようになります。そうなると赤字が累積し、社内の管理体制がぐらついてきます。経営のあらゆる局面で停滞することになってくるのです。これはまさに悪循環に入った典型例です。何よりも社員のモラールが低下します。

モラールの低下は優秀な社員の退社を促進することになります。Kフーズもご多分にもれず退社を申し出る者が出てきました。ここまでくるとマネジメントどころではなくなります。

このような状況下にあっても、まだ多くの社員はKフーズの業績の向上を願って、いろいろな問題意識、改革意識をもっていました。

しかし加藤社長には、それらがいっこうに伝わらず、加藤社長も「そんなことを聞いている暇はない」と聞こうともしなかったのです。「資金繰りだけがマネジメントだ」

と錯覚したのかもしれません。経営状況は悪化の一途をたどることになりました。

食品卸売業は、一般に低マージンであるうえに、その取扱商品は低単価商品、重量商品、嵩張る商品であることから商品の高回転が要求されます。ところが、管理に目が行き届かないこともあり不良在庫が増え、回転率は同業他社の平均に比べて一〇％も低くなってしまいました。

マネジメント次第で、Ｋフーズの業績を向上させることも、建設費の償却もできたはずです。マネジメントの原則を知らなかったばかりに、物流コスト、賃金コスト、保管・貯蔵コストの上昇によって累積赤字が膨らみ、資金繰りがさらに悪化していったのです。

その後、おきまりのようにＫフーズは倒産してしまいました。

マネジメントの原則とは

Ｋフーズが倒産に至るまでには、いくつもの問題が発生しましたが、改革していれば倒産に至らなかったのではないかと考えられることも多くありました。社長がマネジメントの原則を知らなかったばかりに最悪の事態を招いてしまったのです。

まず、全社的にモラールの低下が著しく、協調性がなく、ギクシャクとした職場になっ

社長のためのマネジメントチェック表

- □目標・計画は作成しているか？
- □目標達成のための体制はできているか？
- □資金の流出はないか？
- □人材をフルに活用しているか？
- □マンネリズムに陥っていないか？
- □商品が陳腐化していないか？
- □ムダ・ムリ・ムラはないか？
- □前向きなモチベーションを与えているか？
- □指導力を発揮しているか？
- □報告・連絡・相談は行われているか？
- □コスト意識を植えつけているか？
- □問題点を常に解決しているか？

ていました。コミュニケーションが不足し、トップの指示が下部にまで伝わらなかったのです。

　おまけに管理職に責任感がなく、積極性、指導力に欠け、一方的に半端な仕事を押しつけていました。部下の意見も聞かないし、提案も社長まで届きません。会議で問題点が出されても、それに対する結論も出ず、社長にそのことが伝わらなかったのです。管理職は社長の腰ぎんちゃくばかりになり、社長に耳に痛い話が入らなくなり、当然、社長の現状把握はお粗末になりました。これでは、まともなマネジメントができるはずがありません。

中小企業の多くは、大なり小なりKフーズと同じような問題点を抱えているはずです。社長がマネジメントの原則を知らないと、問題点を指摘されても単に社員の不平不満としか認識できなくなり、社長の発言も社員にとっては押しつけとしか感じられなくなってしまいます。

事実、加藤社長は売上に注目するだけで、社員は「売上をいくら伸ばしても赤字や在庫が増えるばかりだ。ムダ、ムリ、ムラが多すぎる」と先行きを不安がる始末だったのです。

7 「経営管理能力」がないとどうなるか？

管理能力とは？

「彼は管理能力がないから失格だ」

「管理能力がないくせによく社長が務まるな」

こういう陰口を叩かれている社長がいるものです。ところが、管理能力といっても非常に多面的であり、一口にこれこれのことを身につけるべきだといっても、果たしてそれだけでいいかといえば非常に難しいと言わざるを得ません。

管理能力には、職務固有の知識や技術が必要なのですが、管理というのは「**目標を達成するためにヒト、モノ、カネ、情報などの経営資源を効率的に活用すること**」です。つまり、仕事の側面と、人の側面を統合する総合的な管理能力が必要なのです。

管理能力というのは、72ページの図のような要素で構成されます。その他、独創力、先見力、構想力、洞察力、直感力、説得力、対人関係能力（折衝能力）などが挙げられますが、以上の能力をすべて備えている社長は少ないでしょう。とはいえ、社長としては少しでもこれらの能力を身につける必要があります。

また、いくら知識・能力があるからといって、その基礎となるものは人間としての資質です。社長の資質・パーソナリティによって部下のやる気は大きく左右されます。社長が人間的に欠陥がある人物では、会社を成長させることはできません。

総合管理能力の基本となる資質とは？

社長は次に挙げるような、いわば人間的な資質を備えるべきです。このような資質がないと部下は社長に魅力を感じません。

●謙虚さ

部下を通して目標を達成する必要がありますから、部下が気持よく働けるような場づくりをするのが社長の務めです。

「おまえよりもオレは一段上だ」という態度でいると、部下は構えてしまって、その能

社長に必要な管理能力とは

- □ 企画力
- □ ネットワーク形成力
- □ 戦略形成力
- □ 意志決定力
- □ 判断力
- □ 目標管理力
- □ コミュニケーション力
- □ 部下育成力
- □ 指導・動機付け力
- □ 問題解決力
- □ 統率力

力を出しきることができません。ただし、低姿勢で依頼型の指示命令をするだけでもダメで、状況によっては叱りつけてでもやらせなければならないこともあります。

●包容力

最近の社長には、人を包み込むというような人間的魅力のある人が少なくなってきています。とくに近年は、人間的な付き合いができる時間が少なくなってきたのでしょうか？

「この人のためならゼニ抜きで仕事をしなくては」という気持をおこさせる社長なら、人間的な魅力は抜群なのですが、そういう人は稀でしょう。包容力は、書物をいくら読んで知識を得てもおいそれと備わるものではありませんが、少なくとも意識としてはもっておく必要があります。

●公平さ

部下を公平に扱うことはもちろんですが、信賞必罰をもって臨み、えこひいきしないことが原則です。プラス面とマイナス面を厳しく見て公平な評価をすべきです。好悪の感情をあからさまにして評価をあいまいにすると、組織そのものもあいまいになるということを認識してください。

●冷たい割り切りと暖かい配慮

思いやりと甘やかしを混同してはいけません。

ある会社では、「私はこの会社に入って六年にもなりますが、一度も注意されたことがありません。もっと仕事を厳しく教え込んで欲しいのです」という女性社員が何人もいました。しかし社長は、厳しく注意すると辞められてしまうことを恐れて注意できないのです。

高度成長時代には「ニコニコ」して「ポン」と肩を叩くニコポン式労務管理も、それなりに効果がありました。ただし、「おだてる、甘やかす、何も注意せず」では、人間の本当の欲求を満足させることはできません。人間は目標を達成するため、仕事に打ち込んで達成感を味わうことが大切です。そのため社長は、〝仕事〟と〝人〟とをどう統合するかを考えなければならないのです。

目的を追求しすぎても部下は満足しませんし、甘やかすだけでは秩序を維持することはできません。そのあたりの微妙な感覚が必要です。

●頭でっかちでない

戦国武将言行録、伝記などを読んでも社長の資質を養うことはできません。信玄、謙信、信長、秀吉、家康から山本五十六などの伝記や言行録を読むだけでは、社長の資質を向上させることはできないのです。リーダーは状況に応じてムチとアメの使いわけをしなければなりません。それは対人関係で苦労して身につくものです。

現代は、知的偏重の時代であり、情報公害の時代です。あまりにも知識、情報が氾濫しすぎて、何が本質かがわからなくなってきています。各種の理論を勉強することは結構なことですが、社長は、社員が最大の能力を発揮するにはどうしたらいいのかをいつも考えることです。

いかにすばらしい戦略があり、具体的な戦術があっても、社員がまともに動いてくれなければ何にもなりません。どんな優秀な人物でも一人でできることはたかがしれています。

頭でっかちの社長ほど手に負えないものはありません。知らぬは自分ばかりなどというようなことがないように、一度自分自身を振り返ってみてください。

8 「役割の意味」を理解していないとどうなるか？

権限の委譲があいまいではまかせたことにはならない

まず組織、つまり会社があるから社長がいます。「社長は組織に帰属する」といわれますが、組織があって社長が存在するのであり、そこに社長の役割があるのです。組織があって社長、管理職、一般社員があるのです。

役割というのは、「役目を割り当てること。割り当てられた役目」ですが、それだけがすべてではありません。社長以下組織のメンバーは、組織としての期待を寄せられており、役割にはその期待も含まれています。それぞれの階層において職務をまっとうしてくれるだろうという期待も、役割には含まれます。その意識を徹底させることです。

社長の役割は総括的なものですが、職位が下位になるに従って次第に分割されていきます。たとえば、社長の職務権限を数人の部長に、部長の職務権限を数人の課長に、課長の職務権限を数人の係長にと分割します。仕事は社長一人ではできません。部下を信頼して仕事をまかせる必要があるのです。

D設備の平松社長（仮名）は、「部下に仕事をまかせてもうまくいったためしはない」と常日頃から口にしていました。当然、平松社長一人では仕事をこなしきれないので、しかたなく部下に仕事を渡しています。しかし「この仕事をやってくれ」と、何の説明もしないで仕事を渡してしまうのです。社員は仕事をしくじることが多くなり、社長がクレーム処理をすることが多くなりました。そうなると、二度とその部下に仕事をまかせる気がおきなくなってしまいます。これは、まさに悪循環で、役割の意味を理解していないと言わざるを得ません。

仕事をまかせるときには、部下の能力や特性などをしっかりと把握することです。その上で、まかせてもまかせっぱなしにしないで、適宜、指導や助言をする必要があります。

部下が仕事に失敗すると「あいつは能力がない」と決めつけるのは、社長としては一番恥ずかしいことです。換言すれば、「社長に能力がない」ということです。これでは社員が一人辞め、二人辞めということになり、会社の成績もどんどん低下してしまいます。

もちろん、同じ過ちを部下が繰り返すようなら仕事をとりあげ、他の者にやらせることになるでしょうが、過ちをおこさせないようにするのが社長の役割なのです。

仕事をまかせるということは難しいことです。部下の個性、人間性、固有技術、知識レベル、問題処理能力など、多面的な能力を把握して、適切に仕事をまかせなければなりません。たとえば熟練者に対しては、「君はベテランだから」とおだてて、細かい指示をせずに仕事をまかせることがあるでしょう。しかし、まかせても権限の委譲があいまいになっていたら意味がありません。

中小企業の社長は、よく「○○部長にまかせている」といっても、権限の委譲をあいまいにしていることが多く、実質的にはまかせていないのです。

「正当過失の原則」&「例外の原則」

社長の任務は、部下に権限を委譲し、リーダーシップを発揮して、部下のやる気と能力によって成果を上げることです。

しかし部下に権限を委譲することは、中小企業の社長には難しいでしょう。「自分は会社の創業者だ」「自分は社長だ」という意識が強く、仕事をまかせきれないことが多いものです。

仕事をまかせるのも自分の尺度だけを頼りにしています。その尺度が、会社の尺度として正しいと思いがちですが、果たしてそうでしょうか？

Ｆ建設では、山下社長（仮名）が月曜日を仕事の報告・検討の日と決めました。しかし数回やってはみたものの、「月曜日は休み明けでみんな忙しいから土曜日に変更する」と社長の指示があったのです。

ところが何回かやったのですが、出席率がよくありません。土曜日は顧客との打合せになることが多く、社長もトップセールスに出かけるし、部下も顧客のところを訪問するので忙しいことは、誰もがわかっていたことだったのです。

そこで山下社長は「会議を水曜日にする」と指示しました。しかし、しばらくすると水曜日も忙しいから木曜日に会議をすることになって、そのうち会議をやらなくなりました。

もともと会議の必要などなかったのです。というのも山下社長は細かいことまで口を出すので、部下は社長の顔色をうかがって仕事をしていたからです。

「あの仕事はどうした」「あの仕事の結果を報告しろ」「あそこに電話したのか、訪問したのか」「あそこにはこう説明しろ」「この値段で決めろ」「安くするなんて言うなよ」――。

毎日、こまごまと指示しているので、会議の必要など誰も感じていなかったのです。「会議なんてやったってムダだよ。また同じことをガミガミ言われるだけだ」

山下社長ばかりでなく、中小企業の社長の多くは、権限を委譲する必要などないと考えています。権限の委譲が部下のやる気を高めることを知らないから、まかせたと言いながら、細かい点にまで口を出してやる気を奪い取ってしまうのです。

言われた部下が「そんなことはわかっています」という顔をしても気がつきません。〝仕事をまかせたならば、細かいことまで口は出さない。〟〝仕事はまかせても責任はまかせない〟という原則を理解していない社長が実に多いのです。会社の方針が誤っていたり、指示・命令の仕方が悪くてクレームなどが生じたら、部下に責任を問うことはできません。これが「**正当過失の原則**」です。

権限が十分に与えられていない結果、成果が上がらなかった場合は、その責任を追及してはいけません。それは社長の責任です。

さらに中小企業の社長は、〝例外をもって原則としてはならない〟という「**例外の原則**」を理解する必要があります。

日常的な業務、反復される業務はルールをつくって部下にまかせ、例外的な業務（クレーム処理、資金繰りなど）についてだけ社長の任務とする必要があるのです。原則的なことは部下に権限委譲することが大切です。

9 「経営風土」がわからないとどうなるか？

経営風土がわからないと部下のやる気を引き出せない

事務所や事業所に入っていくと、

「この会社は雰囲気が変だ」

「この雰囲気では伸びそうもない」

「この会社は活気に満ちている」

などとなんとなく感じられるものです。**自然に伝わってくるのが経営風土です。銀行マンなどは、こういう雰囲気を敏感に察知します。**それが融資の際の決め手になることもあります。


各自が会社という組織においてそれぞれ役割を担い、社長以下従業員の行動や能力によって組織を動かしていますが、それらの人々の行動を規制しているのが経営風土だといえます。これは短期間で醸成されるものではありません。その会社の社長の経営姿勢がジワジワと浸透して形成されるのです（良きにつけ、悪きにつけ）。

社長以下の役割がスムーズに機能しないのは、個人個人の能力が活性化していない、つまり活かされていないような経営風土だからです。

経営風土は、社長の管理行動によって大きく左右されます。**いわば社長そのものが経営風土をつくりだしているのです。**社長の管理行動が従業員の活性化の阻害要因となるようでは会社の将来はありません。たとえば、せっかくやる気になったのに社長の朝令暮改で腰を折られるとか、社長のひと言で社員のやる気がなくなるなど、社長の管理行動に問題があることが多いのです。

社長の管理行動に問題があると、部下は「言ってもしかたがない」「どうせ意見を言っても取り上げてくれない」「やってもムダだ」とあきらめムードになり、ますます社長とは離れてしまいます。その事実に社長が気づいて対処すればいいのですが、気づくことさえ少ないのです。

部下たちは「言ってもどうせ直らない」と口をつぐんで腹の中で思っているだけということになります。それがうっ積して職場に不平不満の渦が巻くようになるのです。それが会社への帰属意識を低いものにしていくのです。

社長は、経営風土が社員のやる気を左右する要因であることを理解すべきです。「そんなことを言うと社員のやる気がなくなりますよ」などと直言してもらえるようなシステムをつくっておかなければなりません。

耳に痛い情報が社長に入らなくなったらお終いです。管理職の多くが自己保身に終始している証拠です。問題のない組織はありません。ましてや問題のない人間などいるはずがありません。

問題があれば、それが顕在化するようなシステムづくりを考えてください。そうすることで活力のある経営風土をつくり上げていくことができるのです。

やる気のある経営風土をつくるのが社長の仕事

社長と管理職、社長と一般社員との関係、職場内の葛藤、不信感、誤解などは長い期間がかかってでき上がってくるものです。この人間関係を改善することは非常に難しく、時間がかかります。とくに中小企業は同族会社が多いため、血縁関係にからんだ問題も多く発生します。社長が、いくら号令をかけて、○○システム、××プログラムなどとカッコのよい仕組みを導入し、仕事がスムーズにいくように期待しても、人間関係を含めた経営風土の改善なしにうまくいくものではありません。

G精工の後藤社長（仮名）は朝令暮改が多く、自分勝手なモノサシでなんでも命令するので、職場全体に不信感が蔓延しています。新入社員が入ると、すぐに先輩社員は「うちの社長は……」と新入社員に悪口を並び立てます。こうやってフィルターをかけられた社長像ができ上がってしまい、社員のモラールに悪い影響を与えてしまいます。

後藤社長は、深く反省して、誤解をとくために社員と積極的に対話する必要があるのですが、あいかわらず自分勝手に指示して、社員を腐らせているのです。これでは社員のやる気を引き出すことなどできません。

どのような組織であれ、規模の大小にかかわらず、そこには独特の雰囲気（経営風土）があります。会社のドアを開けて入った途端感じるもの、社員の対応などから感じられるものなど、具体的にはこうだとは言い表わせないものが経営風土です。

時間が経過するにつれ、企業を構成する社員の中に共通した考え方が生まれてきます。どんな組織、システムであっても、どんな学識経験豊かな人材が入ってきたとしても、言い表わせない、目には見えないものが、社員全体の態度、行動に少なからず影響していることは、誰しも経験的に理解しているものです。どのような組織でも、少なからず経営風土によって動かされているのです。経営風土は目に見えないものですが、その組織の中にあって直接的に感じていること、また人の話を聞いて間接的に「そうだ」と思っていることが、社員の動機づけ、態度、行動に大きく影響していることがわかります。

人が、その企業の風土だと思っていることは、その人の五感というフィルターを通して見た世界ですが、そのフィルターは人によって異なります。ある人にとって良いと思っていることが、ある人にとって悪いということもあります。

しかし、大勢の社員が共通して「そうだ」と思っていることがあるものです。たとえば、「うちの職場はなんとなく堅苦しいムードが漂っている」「何となく重苦しい感じがする」「社長が固苦しくて、冗談ひとつ言わないからみんな息を殺しているようだ」……ということなことです。企業の業績が悪化し、倒産の危機に陥っているような時には、社員が情緒不安定になるものです。そのような時、経営風土が大きく影響するのです。「全員で危機を乗り切ろう」という経営風土があればいいのですが、モチベーションの低い経営風土では倒産に拍車がかかることになるのです。

10 「リーダーシップ」が発揮できないとどうなるか？

社長は人を動かすスペシャリスト

よく「彼にはリーダーシップがある」とか「彼にはリーダーシップがない」などと言われます。リーダーシップという言葉は、いろいろな意味に理解され、漠然と使われていることが多いものです。

誰にでもホンネをぶつけて葛藤を繰り返す社長がいるかと思えば、指示・命令・指導・助言などをいっさいしないで、なりゆきにまかせているとか、世の中は自分のためにあるような管理行動をとっている社長もいます。

これらの社長はリーダーシップがないと言われますが、この場合、指導力とか、統率力、包容力などの意味に使われていますし、定義もまちまちです。

リーダーシップがどういうものかわかっても、それを実務に活かさなければ何の意味もありません。論語読みの論語知らずでは意味がないのです。

リーダーシップの理論はいろいろな書籍に書かれていますから、勉強することはいいのですが、それらを勉強しても、明日からの管理行動が変わらなければ何にもなりません。勉強したからいいということで、部下を頭ごなしに怒鳴りつけて指示したり、「忙しい、忙しい」といって飛び回って何のチェックもしない、あるいは部下が報告に行っても部下の目も見ないで「わかった、わかった」を連発しているようでは、勉強したということにはならないのです。

リーダーシップを身につけるといっても、リーダーシップがどのようなものであるかを理解しなければなりません。

私は、**リーダーシップは全人格的なものである**と思います。社長の能力、資質を総体的にとらえたものであり、自らの行動・態度を反省し、変革していく努力をしていかなければならないのです。

次ページの図を見てください。このような問題点があると間違いなくリーダーシップは発揮できません。社長は経営のスペシャリストである前に、人を動かすスペシャリストでなければならないのです。そういう意識が社長のリーダーシップを高めることにな

リーダーシップのない社長チェック表

- □ 管理能力がない
- □ 社長の任務がわからない
- □ 部下の期待がわからない
- □ 指示・命令をしない
- □ 先見性がない
- □ 方針・目標を示さない
- □ 謙虚さがない
- □ 部下から信頼されない
- □ 部下を信頼しない
- □ 自分で責任をとらない
- □ 環境変化に対応できない
- □ 公私混同して自分に甘い

ります。社長は、リーダーシップを発揮して、会社のチームワークづくりをし、社員の動機づけをして、仕事を成功に導くのが任務です。

そのためには、テクニカルスキル、ヒューマンスキル、コンセプチュアルスキル（情況を十分考慮した判断力・企画力）などをもつと同時に、包容力や人間的な魅力がなければならないのです。人間的魅力は個々のパーソナリティの問題であり、一朝一夕には備わるものではありません。だからこそ、自ら努力を怠らないようにしなければなりません。

そういう意味では、**社員の何倍もの努力が要求されるのが社長という職務の重責**なのです。

第2章

事業の本質がわからないとダメになる

1

「いまのやり方が一番」と思っているとどうなるか？

不振の企業ほど手を打っていない

社長であるあなたは、いまのやり方で今後の経営が成り立つと考えていますか？　それとも、外部環境の変化に対応すべき有効な施策を打ち出して実行していますか？

かつての日本経済のパターンであれば、いまは不振でも「そのうち何とかなるだろう」が通ってきた面があります。しかし、この長く続く構造的不況下ではもはや「かつて」のパターンなど望むことすら空しいのです。待っていても、「いい時はやってこない」と考えて、いままで通りのやり方で仕事を進めることはやめるべきです。経済環境、外部環境の変化に対応するには自らが変化しなければなりません。

大企業がバサバサと思い切った手を打ち業績を回復させたとしても、今日は、「成功は失敗の始まり」の時代です。「私の会社は儲かっています」と社長が有頂天になった途端、下り坂になるのは必至と言ってもいいでしょう。**もし、成功しても、すかさず次の手を常に考えておかないと倒産という憂き目に遭う**のです。

もはや**「以前わが社はこうして儲かった」ということは通用しません**。中小企業は自己資本の蓄積が少なく、ひとたび売上が減少すれば、即響くことになります。

好調時に背伸びをして、つまずいて販売不振に陥り、倒産というケースが嫌というほど目につきます。

下請企業では、親企業から仕事が入ってくると、それに応じて人手を増やし、設備投資をして対応してきました。仕事が増えれば、仕入債務や借入金などが増えます。

仕事が忙しくなると、つい管理が行き届かなくなり、売上債権の不良化、過大な商品在庫などを招くことになります。

その結果、いったんつまずくと、借入金に頼っていた企業はすぐに資金繰りがあやうくなります。業績不振の企業ほど、手を打たずにズルズルといまと同じやり方を続けているのです。これは歴然とした事実です。

社長がマンネリズムに陥ったら会社経営もマンネリになります。常に問題意識をもって、経営状況を分析し、社員の行動をチェックしなければなりません。いまのやり方に満足することは、それだけで後退することを意味するのです。

これからの時代の企業経営では、そういう意識をもっていなければ明日はありません。想像以上に厳しい環境が待っているのです。

過去の成功例を踏襲すれば会社はつぶれる？

Y興業の佐々木社長（仮名）は、部下から新しいプロジェクトの提案をされたり、販売方法の革新が企画されたときには、決まって次のように言うのです。

「わざわざシンドイ思いをする必要はないんじゃないか。いままで通りが無難じゃないのか。失敗したら誰が責任をとるんだ」

「これから先も不動産販売は不動産の販売でしかないんだぞ。世の中変わるものではない」

「先のことを考えるよりも、ひとつでも物件を売りさばいてこい」

「新しいことはそんなにいいことなのか。オレの経験からするとそんな企画は非常識だ」

そして、続けてこんな自慢話を押しつけるのです。

「オレは創業以来この方法で売上を伸ばしてきたんだ。いまは不況だから売上が低迷しているが、いままでのようにやっていれば何とかなる。時代が変わった？　そんなことあるもんか」

佐々木社長は、十年一日のように、オレはこの方法で成功した、だからオマエたちもこの方法でやれの一点張り——。

「オレの言ったようにやったのか？　市場が変化している？　お客の質が変わった？　失敗を人のせいにするな！　オレの言った通りにやれば失敗するはずはない」

失敗するのは、言う通りにやらないからだと叱責しているのです。

部下が提案しても、「そんなことはわかっている」、「オレも考えたことがあるが、実現できっこない」と、真剣に考えようともしないのです。要するに過去のノウハウだけを過信して、次の段階に進めないのです。

従来のスタイルを守って安心したいのでしょうが、経営環境は、いままでのやり方では対応することができないほど劇的な変化にさらされ続けています。成功した経験に振り回されていると、どのみち倒産ということになります。

いままでのやり方が一番良いと思い込み、時代の流れを読みきれず、そのうち何とかなるだろうとがんばった結果、多くの中小企業は転・廃業に追い込まれてしまうのです。

常に前向きに攻めていく考え方が社長にないと、会社は衰退してしまいます。

社長は、次の点をいつも意識しながら将来の戦略を模索し、成功へのシナリオを描き、実行していく必要があるのです。

□問題意識をもって余裕のあるうちに手を打つ
□絶えず関心を外に向け、危機感をもって意識改革を図る
□経営の効率化をはかり、絶えず自社の事業がこのままでよいのかを見極める
□毎日が転換期であるという気持で革新をはかる
□わが社はこのままでよいのかを絶えず検討する

2

「新しい事業」にチャレンジしないとどうなるか？

新規事業は大きな賭けだが……

大企業はさておき、中小企業にとって新規事業は賭けであるという調査結果があります。それによれば新規事業を興し、当初計画の八〇％以上の売上実績を達成した成功企業は半数を割っています。五〇％未満というのが二〇％、五〇〜八〇％が二九％、合計四九％です。新規事業の成功率が約五〇％と非常に厳しい結果が出ています。

目標を達成した成功企業が挙げる成功要因は次のようなものです。

①タイミングが良かった
②立地・市場性にマッチした
③まかせられるキーマンが存在した

これに対して、目標の五〇％に満たない企業が挙げる失敗要因は次のようなものです。

①販売促進活動の不足
②基本ノウハウが不足していた
③まかせられる人材（キーマン）が不足していた

いずれもキーマンの存在が重要視されています。このことからも「事業は人なり」で、新しい事業の推進役を育てなければ企業の発展は難しいといえます。

さらに、三年間で新規事業から撤退した企業は全体の一〇％で、撤退時期の適否については「適切だった」が六％、「やや遅かった」とした企業が三％ということで、撤退時期を見極めることも大きな課題となってきているのです。

新規事業のみならず、企業体質の革新、周辺分野への進出、市場転換、新規分野進出などをはかっていかなければ、企業そのものの存在基盤がゆらいでいくことにもなりかねません。

新規事業への進出は大きな賭けですが、少なくとも自社の業界が衰退傾向にある分野ならば、他の分野に進出するしか生き残る道はありません。

環境が変われば新しいことに挑戦しなければならない

中小企業に限らず経営者は、現状に固執しすぎて戦略的な仕事に取り組まないと、取り残されてしまいます。現代の多くの中小企業の欠点は、経済情勢が変化し、経営環境も大きく変わってきているのに、社長の思考、行動が、その流れに追いついていけないことにあります。つまり周りが変化しているのに、それに適応した業務の体制（システム）が構築されていないのです。

人間は、新しいことを受け入れることには抵抗感があるものです。しかし社長がそういう意識では失格です。**社長は常に戦略的でなくてはならない**のです。

忙しい、忙しいで取り組んでいる日常業務活動は、定型的な仕事ですから、努力すればその結果が現われてくるものです。しかしどのような日常業務でも、改革しなければ、いずれは時代に取り残されます。

だからこそ時代に適応した仕事や仕組みを検討し、それを実践に移していく戦略的な意識が必要なのです。

でないと〝木を見て森を見ず〟ということになりかねないのです。

優良企業の社長の姿勢

- □ 社長の経営理念が明確になっていて、経営方針が徹底している
- □ 開発意欲、チャレンジ精神が旺盛で、常に問題意識、改革意識をもっている
- □ 労働力不足時代に対応するため、パート、アルバイトなどの採用、人事システムなどに配慮している
- □ 社内の活性化に取り組んでいる（たとえば「魅力ある企業づくり」といった全社的活動、改善活動、提案活動など）

チャレンジ精神が旺盛な社長は絶えず「こうしたらどうか」「わが社のこういうところがよくない」などと、問題意識、改善意識をもっていて、マンネリ化に敏感である

すでに日本企業の代名詞だった終身雇用制は大きく崩れています。それに伴い、契約社員やプロジェクト方式の仕事のやり方が当たり前になってきています。オフィス環境も変わり、ビジネスそれ自体も変わってきます。

経営環境が変わっているのに、

新しいことに挑戦しなければ取り残されることは間違いないのです。

中小企業も、その点で伸びていく企業と衰退する企業の二極化が明確になってくるでしょう。

鍵は社長が握っています。

3

「リストラ」が決断ができないとどうなるか？

リストラとは人員削減だけではない

長引く不況からリストラが叫ばれて久しいですが、リストラとは、本来は「事業の再構築」という意味で、単なる人減らしという意味ではありません。非採算部門・事業からの撤退や、組織の縮小、成長分野への進出など、事業の内容を再編成（組みなおし）することです。

J興業の吉田社長（仮名）は、口を開けば「景気が悪いね」と言って、人減らしで会社のスリム化をはかっています。リストラとはスリム化をはかることだというイメージをもってしまっているのです。しかし「リストラ、リストラ」と言って、人減らしや経費削減ばかりやっていては、企業の活力が失なわれます。

真の意味のリストラは、儲からない事業から手を引く（縮小する）**と同時に、有望な**

事業への転換をはかることです。売れない商品を切り捨て、売れる商品を取り扱うようにする。売れる商品をつくりだすなどの成長分野へ進出することが、リストラが本来意味するところなのです。

吉田社長は、人を減らすことがリストラだと考え、新しい仕事をすること、売れる商品をつくり出すことなど思いもよらず、やがて会社は火が消えたようになってしまいました。マイナスがあるのなら、それを上回るプラスがなければリストラの意味がありません。本業を縮小することだけがリストラではありません。

リストラを行なう場合は、人員の再配置を考えて削減するのは当たり前ですが、技術開発、省力化、販売戦略の見直し、新製品開発、アウトソーシングの見直しなどを総合的に判断して行なう必要があります。

「人手を減らせば、とりあえず持ちこたえることができる」という面は否定しませんが、経費削減だけのリストラで生き残ることなど絶対にできません。

リストラを成功させるためには、頭だけの理解や知識の詰め込みだけではダメなのです。経営環境の変化を肌で感じとって、早めに手を打たなければなりません。

リストラをしなければ生き残れない中小企業の現状もあるのでしょうが、前向きなリストラでないと将来はないということです。

創業は易く、守成は難し

「創業は易く、守成は難し」という言葉があります。守成とは「守り成す」ということで、拡大発展の意味もあります。これがいかに難しいことか、勇気のいることかを痛感している社長も多いのではないでしょうか。

N食品は年商二〇億円の食品卸売業でした。いい時に売上拡大し、それにともなって借入金が増加し、累積赤字が七億円にまで膨らみました。ご多分にもれず資金繰りが忙しくなり、短期の資金の借り換えが頻繁になったのです。N食品の宮城社長（仮名）は地方の名士でした。そのため事業に専念することができず、日常、地元の人の相談にのったり、政治家とのお付き合いも多かったのです。

借入金が売上の六カ月分にまで増加することになっても、宮城社長は抜本的なリストラを決断できずにいました。手形のジャンプをし、仕入先から現金払いの要求を突きつけられても、宮城社長はいまだに虚勢を張って、「まだ抜本的な改革をやる必要はない」と言っていたのです。

しかしここまでくると、人員削減や経費削減では、とても正常な均衡拡大や発展など期待できないのです。売上の二～三カ月分まで借入金が増加した時点で、本格的なリストラに取り組むべきでした。その段階であれば、営業譲渡、合併などの手法が可能でした。

ここまでくると、吸収合併してくれる会社もないでしょうし、残された道は任意整理、法的整理の道だけなのです。リストラはタイミングが重要です。**社長は余力のあるうちに決断しなければなりません。**

経営破綻のプロセス

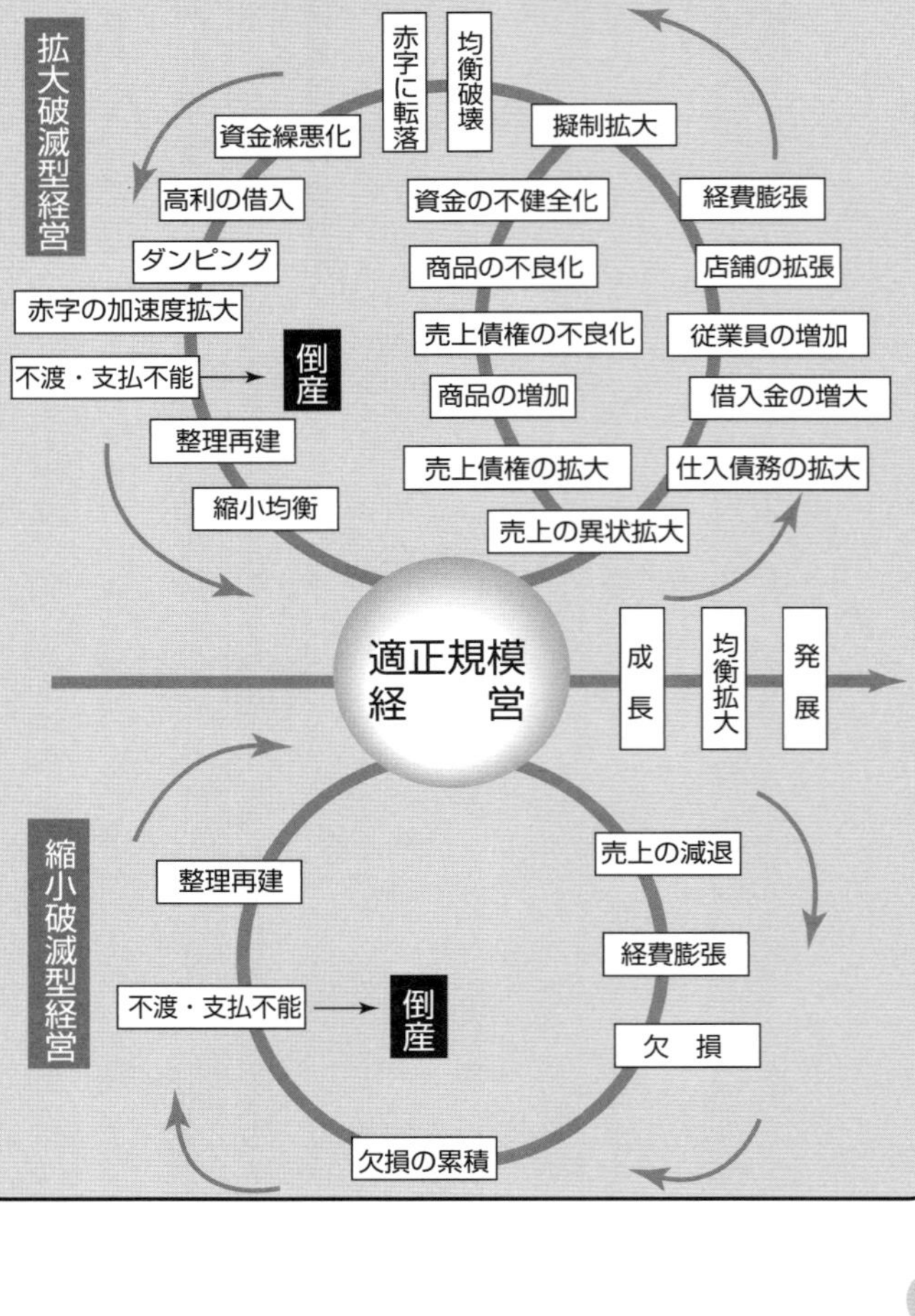

拡大破滅型経営
赤字に転落
均衡破壊
資金繰悪化
擬制拡大
高利の借入
資金の不健全化
経費膨張
ダンピング
商品の不良化
店舗の拡張
赤字の加速度拡大
売上債権の不良化
従業員の増加
不渡・支払不能
倒産
商品の増加
借入金の増大
整理再建
売上債権の拡大
仕入債務の拡大
縮小均衡
売上の異状拡大
適正規模経営
成長
均衡拡大
発展
縮小破滅型経営
売上の減退
整理再建
経費膨張
不渡・支払不能
倒産
欠損
欠損の累積

4 「顧客志向のマーケティング」ができないとどうなるか？

顧客の満足度を高めることが利益を生み出す

つくれば売れる、右肩上がりというのは、はるか昔のこと。知恵を絞りに絞って顧客志向で顧客満足度を高めなくては、そもそも商売として成立しないのが現状です。顧客の満足度は、通常、下図の公式で説明されます。

たとえば品質や価格が変わらずにサービスが悪ければ、当然ですが顧客は二度とその製品・サービスにお金を出すことはないでしょう。品質・機能・サービスなどが変わらずに価格が高くなっても顧

$$顧客満足度 = \frac{顧客の認知度}{顧客の期待度}$$

$$顧客満足度 = \frac{対応の程度}{期待の程度}$$

$$顧客満足度 = \frac{品質・機能・サービス}{価　　格}$$

客は満足しません。

顧客満足度は、品質・機能・価格ばかりでなく、いろいろな要因によって左右され、業種や企業の政策によっても異なります。

社長は、顧客に提供する商品・サービスの質をありきたりのものではなく、満足してもらえる水準にまで高め、リピート客になってもらえるように必死に努力すべきです。

品物が安ければ売れると思っていた社長でも、それでは売れないのはわかっているはずです。そこで顧客志向のマーケティングを行なって、顧客の満足度を高めることを優先して考え、きめ細かな戦略を展開する必要があります。

「うちのは良い商品だ。だから売れないはずはない」と、マーケティングのことなど考えもしないのでは、売れる商品もいずれは売れなくなるのです。いま儲かっていても、いずれ儲からない商売になるでしょう。

かつてヒットした商品や独占的な商品があっても、売上が落ちている企業が大半です。にもかかわらず、「いま売れないだけで、景気が良くなれば必ず売れるはずだ」と考えるのは安易すぎます。

市場にはモノが溢れ、価格破壊が進む中、従来のプロダクトアウト（生産者第一主義）

では、顧客満足が得られるはずもありません。マーケットイン（顧客第一主義）に適合するようにしなければ、生き残れません。

景気のせいにしている間に商品寿命が終焉を迎えてしまいます。**自社の商品が顧客の欲求水準に適合しているのかどうかを早急にチェックしてみてください。**

現在では、消費者ニーズが大きく変わるだけでなく、社会的なニーズも変わってきています。そのため事業、商品、サービス、仕事のやり方などを分析し、このまま事業を続けていったらよいのかどうかを見極めることが必要になってきています。とはいえ、撤退したほうがいいとわかっていても、社長は簡単に決断を下せないことが多いのです。

現在の事業が成熟期にあるか、衰退期にあるかどうかの判断ばかりでなく、顧客ニーズの多様化や技術革新などによって、自社の業務内容や商品構成などを考慮し、より的確に事業から撤退するか、新しいサービスを開発する必要があるのです。

絶えず、売れ筋商品と死に筋商品とを入れ替えなければ顧客の満足度を高めることはできません。満足度の高い商品を買ってもらえるからこそ、利益を出すことができるのです。

これこそ今後、企業が躍進できるかどうかの分岐点になります。利益を出す手っ取り早い方法は、固定費、中でも人件費を削減することです。しかし、これだけでは何の解決にもならないことは、いままで述べてきたとおりです。

利益は、機会損失（儲けそこなった利益）をなくすことによって、つまり、商品の組み合わせや顧客満足度を低減させないように工夫することで出てきます。

売れ筋商品、死に筋商品をつかむ顧客志向のマーケティングを重視して、顧客満足度を高める販売戦略を展開してください。

大量生産は通用しない

昔はプロダクトアウト（生産者第一主義）で、顧客よりもメーカーの立場が強く、売手市場でした。つくれば売れる、並べば売れる——という、今では考えられないような状況です。顧客はモノ志向でしたから、顧客の欲求に対応してモノをつくっていけばよかったのです。

はじめに商品ありきという考え方で、大量生産・大量販売をしてコストを下げ、限りなく生産性、効率性を追求していけばよかったわけです。テレビなどのマス媒体による広告活動が効果的であり、何でも大衆を対象に考えていました。

しかし、構造不況、しかもモノ余りの時代となり、売手市場は買手市場にとっくに一変しています。顧客の立場が強くなり、顧客の価値観が大きく変わり多様化してくると、画一的な戦略は通用しなくなってきました。大量生産・大量販売から脱却しなければなりません。

社長の多くが、その事実を頭の中ではわかっているものの、いまだに再構築をはかろうとしていません。

M商事は、父親の代から繊維製品の卸売業を営んでいました。量販店の増加にともなって、ベビー用品専門、スーパー中心へと業態の変化を果たし、大量販売によって売上も順調に伸びていました。

森一夫氏（仮名）が二代目の社長に就任すると、合理化の一環として他の品目をやめて、ベビー用品に絞り込み、得意先の比重を量的販売へ移行させていったのです。スーパー、量販店が台頭してきた時期には、この方法は間違っていたわけではありません。

ところが、売上はグングンと上がるようになったものの、利益率は驚くほど低くなりました。

しかし、「量さえ売れれば何とかなる。とにかく量販店やスーパーを押さえろ」と社長が陣頭指揮に立って、とにかく売りまくったのです。

社長に就任してから一五年間は売上の拡大につぐ拡大でしたが、繊維業界全体が不況に陥り、それに加えて出生率の低下でベビー用品の売上が落ちてきたのです。スーパー、量販店は商品構成を次々に変更して、ベビー用品のコーナーを縮小していきました。そうなっても、森社長は利益率をさらに落としてまで、大量販売に固執しました。

大量生産・大量販売という考え方は、モノ不足時代の商売のやり方で、この考え方をモノ余りの時代になっても変えない社長が、少なくないのではないでしょうか。

時代は、プロダクトアウトからマーケットインの時代へと大きく変わっています。「良いものは黙っていても売れる」と安心している場合ではないのです。**顧客のニーズが少しでもズレると売れるはずもありません。**そうなってもまだ、「こんな良い商品を買わないのはお客が悪い」などと的外れなことを言う社長が少なくないことにビックリさせられます。

現在では品質の良いものが必ずしも売れるとは限りません。モノそれ自体よりも、人材と会社の仕組みによって売れるようになるのです。今日絶対に買わなければならないというものは、日常の主食、生鮮食品と調味料ぐらいで、あとは緊急性がありません。

発想の転換と着目点

経営目的：拡販　→　顧客満足
顧　　客：売る対象　→　満足させる対象
取　　引：売った時点で終了　→　顧客が満足して終了
顧客とのコミュニケーション：ワンウェイ　→　ツーウェイ
利　　益：求めるもの　→　企業努力の結果

安ければ売れるというものでもないのです。商品以外の要因によって売れる割合が年々高くなっています。

大量生産・大量販売するという考え方はもはや通用しません。社長は、もっとマーケティングを重視すべきです。マーケティングでは「Product（製品・商品）」「Price（価格）」「Place（場所・流通経路）」「Promotion（販売促進）」の四つが主要な構成要素になります。

たとえばメーカーなら、消費者（顧客）が満足する商品をつくり、適切な価格を設定して、適切な流通経路を通じて販売し、効率的な広告や販売促進活動をするということです。この四つのPをうまく組み合わせて、利益が生み出せるような施策を常に考えながら実践していくことが求められます。

5

「大企業病」にかかっていることがわからないとどうなるか?

組織が頭でっかちになっていないか

T建設の千葉社長（仮名）は二代目です。大学の建築科を卒業、設計事務所に入所、その後、T建設に入社後、専務として腕を振るい、大手建設会社の下請企業から高級住宅主体の元請建築会社へと成長軌道に乗せました。

その後、先代が会長となり、社長に就任しました。その時点の完成工事高は三〇億円ぐらいあったのを九〇億円にまで伸ばしてきました。

しかし、いったん景気が冷え込むと完工高が低迷し、借入金も五〇億円以上に膨れ上がり、赤字経営を続けています。

千葉社長は企画力にすぐれ、人との縁を大切にすることや、親睦団体の世話をして、素晴らしい人脈を築いていたのです。

ところがマネジメントに大きな問題がありました。組織の面ばかりでなく、経営のシステムで、大企業並みの背伸びをしているのです。中小企業にしては取締役数が多く、専務・常務なども複数います。それ以下、部長、次長、課長、係長、主任など、社員の半分以上が役付きとなっていました。

手当のシステムも複雑で、一見すると一部上場の大企業のような体系になっているのです。経営委員会とか、社長室推進メンバーなど、はずかしいくらいの迷システムを構築して、大企業でもやらないような組織ゴッコをくり広げていったのです。

その結果、大幅な赤字の累積、借入金の増加によって資金繰りに苦しむことになり、もはや首が回らないほどになっています。それでも、まだ大企業病にかかっていることに気がつかないのです。

社内では「専務」「常務」「部長」「課長」などと役職で呼び合い、「役職者は作業服を着てはいけない」と、背広で仕事をさせるほどです。

なぜ、このように大企業のマネをして組織ゴッコを続けているのかというと、社長が、そうやれば会社が大きいと思ってもらえると錯覚していることと、自分の会社はすごいんだという虚栄心が働くからです。

もちろん企業のイメージ戦略は必要ですが、必要以上に大きく見せようとするのは、かえってマイナスになりかねません。

中小企業では、このような役付きばかりの頭でっかちの組織が目立ちます。これでは組織はうまく機能しません。

ポストを与えるだけでは真の活性化につながらないのです。いたずらに役職者を増やしても意味はありません。指示・命令系統が不明確になるだけでなく、権限の委譲や責任の所在も不明確になるのです。

企業規模に合わせた形づくりをする

従来の企業組織は、次のようなものが代表的な形態でした。

①職能別組織（ライン組織）

②ライン&スタッフ組織

③事業部制組織

しかし、今日のように経営環境の変化が著しくなったり、複雑な変化に対応できなくなってくると、事業部制のような権限委譲が促進されてきます。これまでマトリックス組織、プロジェクトチーム組織、戦略事業単位、ブランドマネジャー制などが試みられたのですが、それでも機能しないので、さらにリストラが推進され、組織破壊とまでいわれるようになったのです。

従来の組織は、年功序列、稟議制度、根回しが重視され、構成メンバー（従業員）の参加意識を高揚できるなどのメリットがあるのですが、稟議制度、根回しには、次のようなデメリットがあります。

①上からの指示・命令の伝達に時間がかかりすぎる
②意思決定、情報の伝達が遅れたり、徹底するのに時間がかかる。トップダウンが必要な場合に徹底しない
③稟議書の印鑑が多く、責任の所在が明確でなくなる
④階層が多いと意見も異なってくるし、判断にも迷いが出る
⑤年功序列のシステムで、無能な上司が上に座っているとモラールの低下を招く

⑥指示・命令が重複して間違って伝わってしまう

⑦役職者が多いと組織風土の改革がやりにくい

これからは経営環境の変化はますますスピードを増してきます。このような時代において稟議に時間がかかっていては、競争に打ち勝つことはできないのです。スピードの変化についていくためには、企業規模に応じて、組織革新に大ナタを振るって不要な階層を思い切って減らし、フラットな組織にする必要があります。

あなたの会社の管理職で本当に必要な人は何人いますか。立場に胡座をかいている人はいませんか。再チェックしてみてください。

6 「商品の寿命」がわからないとどうなるか？

ライフサイクルに着目する

通常、マーケティングにおけるライフサイクルは「商品の寿命」を意味します。商品が市場に出回るようになってから売れ行きが落ちる過程です。一般に商品のライフサイクルには、導入期、成長期（前期、後期）、成熟期、衰退期の四つの段階（あるいは五段階）があるという考え方です。

マーケティング戦略の上では、その製品がどの段階に位置するかで、対処方法が違ってくるのですが、一番のポイントは、次第に商品寿命が短命化してきているということです。それにどう対処していくかが今日的な経営課題です。

商品やサービスに限らず、事業などにもライフサイクルがあると考えられるようになってきました。そこでライフサイクルの考え方によって新分野開拓を考える必要もあ

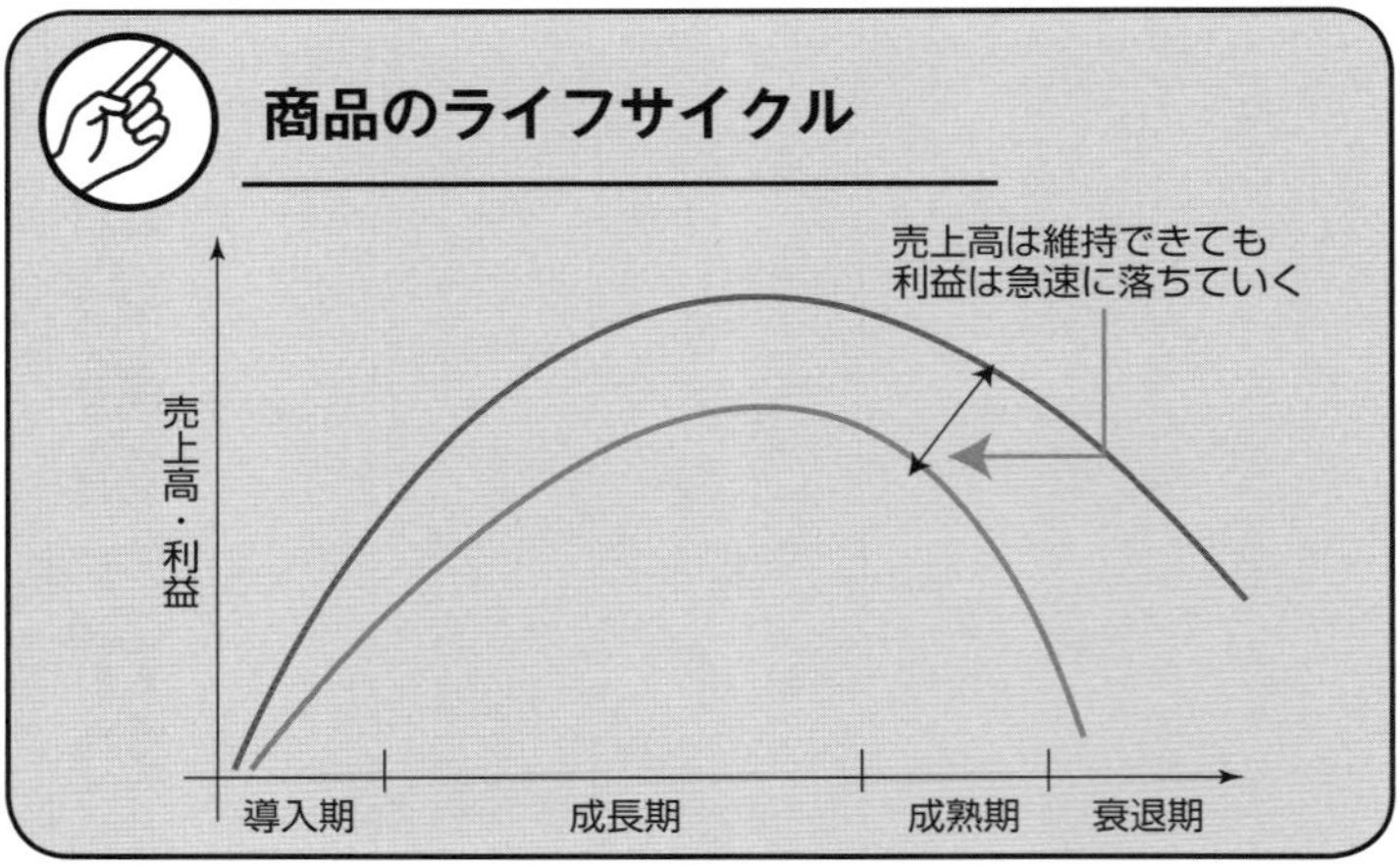

ります。また事業戦略、商品戦略、マーケティング戦略などもライフサイクルの考え方をもとに進めるべきです。

そのためには、**社長自らが自社の商品・事業・サービスなどのライフサイクルの見直しをする必要があります。**

Bフーズは、かつて爆発的に売れた商品を持っていました。利益率が驚くほど高く、その商品によって一〇年近く好調な売上を上げていたのです。ところが次第に売上が落ちてきました。このところそのカーブは急速になってきています。

谷口社長（仮名）は、その原因はあくまでも消費の低迷で、商品そのものには問題はない、景気が回復すれば、売上が伸びるはずだ

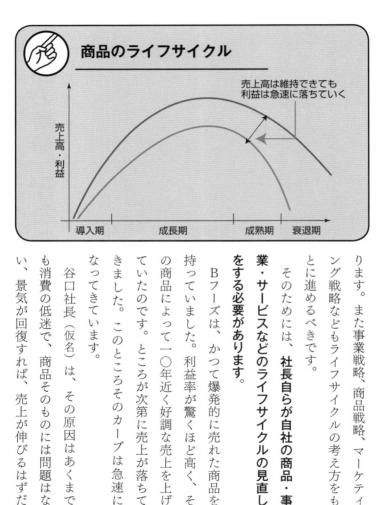

と考え、他の商品の生産をすべてやめ、この商品一本に絞って生産を続けました。営業マンにも、販売攻勢をかけるようにハッパをかけていたのです。

商品そのもののライフサイクルがすでに衰退期にあったことなどは考えもしませんでした。

事業戦略も、商品戦略も、マーケティング戦略も、ライフサイクルの考え方に基づいて策定されなければならないのです。

谷口社長も自社の商品がどの段階に位置しているのかをつかんで、見直しをしなければならなかったのです。

自社の商品はどの段階にあるか

どのような商品でもピークもあれば、衰退もあります。成長期を過ぎれば、いくら生産したところで売れなくなります。売上がグングンと加速度的に下降し、利益が出なくなり、固定経費がまかなえない状態になるものです。減収減益が続けば赤字が累積することになります。

そのうち何とかなるだろう、不況だから売れないんだ、という姿勢ではどうにもならなくなってくるのです。

どんな商品にもライフサイクルがあります。そのライフサイクルはますます短命化する傾向にあります。従来に比べて、売れたかと思うと売れなくなったり、とんでもないときに売れたり、反対にまたたく間に売れなくなったりと、何が売れ筋商品なのかがつかみにくいのが、今日の特徴でもあります。

何が売れ筋か、何をつくったらいいのかがわからない不透明な時代であるからこそ、お客様に買ってもらえるにはどうしたらいいのか、を考える必要があるのです。

消費者のニーズが多様化し、商品のライフサイクルのスピードが速くなっている時代には、何を売ったらいいのかということだけでなく、売りたい商品をどうやったら買ってもらえるのか、を考えなければなりません。

そのためには、自社の取扱商品、事業はどの段階にあるのかを検討し、新商品の開発、新分野の開拓をしていかなければなりません。つまり、常に抜本的なリストラを検討していく必要があるのです。

さまざまなライフサイクル

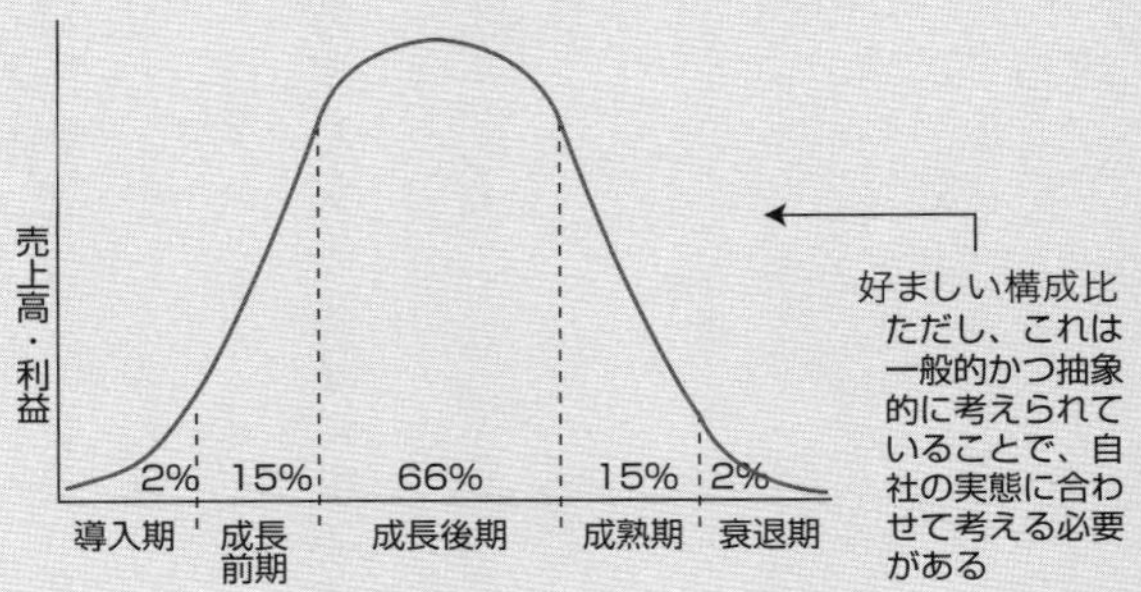

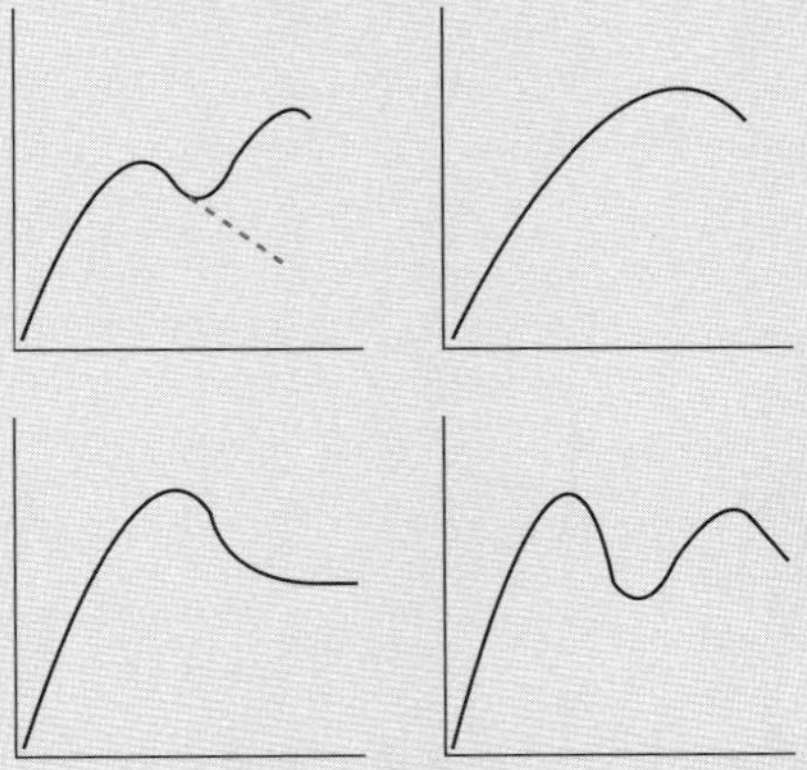

事業や商品によって、成長のしかたは異なるが、バランスのよい構成比を考える

上記以外にもいろいろなライフサイクルのパターンがあるが、自社の商品、事業のパターンを検討してみる

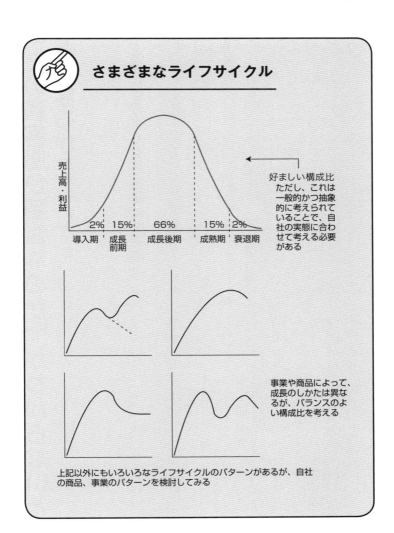

7

「どの顧客層が顧客なのか」がわからないとどうなるか？

なぜガタガタの営業になるのか

どのような顧客に対して商品を提供するのか、つまり対象を明確にして販売戦略を考えないと、次のようなガタガタの営業になってしまいます。

□商品力や宣伝の不足について言い訳するようになる
□なぜ売れるのか、なぜ売れないのかがわからない
□いっこうに達成感が感じられなくなる
□営業マンの人間関係だけでは売れなくなる

こうなるのは、社長が明確に顧客層を示せないからです。顧客が欲しい商品・サービ

顧客が見えていないと

- □ 戦略的な営業政策がとれない
- □ 具体的な営業方針がない
- □ ノルマをこなせばいい、数量をただ追いかけるだけの営業
- □ 売れているのかどうか、正しい評価ができない
- □ 営業マンが育たない

スをどのように探しているのかがつかめていないと、自社の独自な商品を持ちながら、その商品がどの顧客層に結びついてくるのかがわかりません。

そのため販売網を持つ商社や大型小売店に、その商品の販売を委ねてしまって、「売ってください」とまるで下請会社のような経営をしてしまうのです。

これでは、せっかくの儲けるチャンスを自ら放棄しているのと同じです。儲からなくて当り前の経営をやっているわけです。戦略も、その意識もないのです。誰を顧客にして、何をどのように販売しようとしているのかがわかっていないばかりか、考えようともしないのです。

「商品をつくれば売れるのではないか」とは考えても、「どの顧客層をターゲットにして、この商品を売るのか」という戦略がないと、売れるものも売れません。これでは儲けることができない企業体質へどんどんと自分の会社を導いていくことになってしまいます。

つくれば売れるだろうと考えると、誰に向けて、どの商品を、どうやって売るかが考えられなくなり、価格の設定もままならず下請営業にならざるを得なくなります。

社長は常にエンドユーザーの動向に注目しておかなければなりません。

どの顧客層に売るのかを明確にせよ

「この商品はつくっておけば必ず売れるはずだ」というような見込だけで商品をつくってしまうと、ハラハラして売れるのを待つことになります。売れたときには「カンが良かった」「見込どおりだ」ということになり、売れないときには「カンが悪かった」「見込み違いだった」ということになります。

企業経営ではカンやツキもひとつの要素ですが、わずかなズレによって業績が悪化したり、倒産にまで進んでしまうことが少なくありません。つまりドンブリ勘定で経営していると、ハラハラしながら経営せざるを得なくなるのです。これでは継続的に企業を

自社に合った顧客管理を

「２割の顧客が全体の８割もの利益をもたらす」

↓

２対８の原則

↓

〈顧客管理の重要性〉

確実なターゲットに確実な数量だけ商品を届けることができるようにする

成長させていくことはできません。

商品をつくるのは売るためです。誰が顧客であり、どの商品をどれくらい買ってくれるかがつかめなければ、「見込みちがいだった」ということになるのです。

顧客のニーズはいつも変化していますから、新しい商品を次々に開発しなければやっていけなくなります。**社長が売ることにも、商品開発にも意欲がないようでは、その企業の将来はありません。**

そういう社長の会社は、訪ねて行って倉庫をのぞくと、せっかく苦労して、高い資金を投入してつくった商品が眠っていたりするものです。

市場には、まったく同じような商品が氾濫

しています。その中では、特定の顧客に意識的に、計画的に商品を手に取らせる戦略が必要になるのです。顧客にその商品を買いたいという欲望を起こさせるには、次のような差別化が必要です。

□他では買えない特色がある
□味（商品）が類似品よりもおいしい（質が良い）
□体裁や機能性が類似品よりも優れている

つまり、顧客が飛びついてくれる販売戦略や経営戦略に力を入れる必要があるのです。その前提として、自社のこの商品は誰に売るのかを意識し、商品開発をする必要があります。

顧客情報は、現在では最も重要な情報です。

8 「企業家精神」を忘れるとどうなるか？

先見性&チャレンジ精神

倒産した企業を見ると、体質改善、事業の多角化、アイテムの絞り込み、さらに各種の事業転換にチャレンジしていないケースがほとんどです。かつては、バブル期の不良債権が重荷になって倒産というケースも少なくありませんでした。

ともあれ、社長が経営を誤った方向に追いやるのは次のような欠陥があるからです。

□自社の実態を知らない、つかんでいない
□改善しようとする姿勢がない、改善意識がない、打つ手を知らない
□打つ手がわかっていても実行しようとしない

これらの欠陥をクリアするには、社長が時代の先を読み、経営理念を確立し、変化に対応することができる施策を実行する力をつけなければなりません。そのためには、まず先見性を身につける必要があります。先を読み、具体的に実行することで先見性を養うのです。

先見力を身につけるためには次のような視点をもってください。

□「いままでのものを否定しなければ、新しいものは生まれてこない」ということを肝に銘じる
□経済環境や社会環境が今後どのようになるのかを綿密に分析し、将来を考える
□自社の事業と社長自身について一度否定してみること
□その後に残ったものを再び肯定的に取り上げること
□事業が社会的にみて有効か、ビジネスとして成立するかを見直すこと

社長には、先見力のある企業家精神が不可欠であると言われています。変革意識を常にもって、新しいことにチャレンジしたり、あるいはうまくいかない場合はチャレンジ

をやめることも必要になってきます。

やれ経営計画だ、経営戦略だと他人の経営管理手法に振り回されるのは、そろそろ卒業しましょう。自らの改革意識で経営を推進するのが社長の基本的姿勢です。これを忘れてしまっている社長が少なくありません。そんな社長が責任の所在をはっきりさせないまま、「ああでもない、こうでもない」と自分勝手な振る舞いをするのです。

責任は自らにすべてであるということを自覚していないと、改革意識などもてないものです。社長という既得権益のみを守ろうと窮々とすることになり、即断即決が求められる火急の事態に対応できないのです。

いつ何どき変動が来てつぶれるかもわからないのが会社です。いつも企業家精神を忘れないでチャレンジしていくことが会社を衰退させないコツです。

一定のところで満足してはいけないのが経営活動です。この事実を社長が自覚していないと慢心してしまい、凋落への道に入っていくことになります。

自ら改革に乗り出す

ある会合で、Ｋ工業の金子社長（仮名）は参加者に次のように聞いていました。

「何か儲かる仕事はないだろうか」「これからは何が儲かるんでしょうねぇ」

つまりビジネスのネタ探しをしていたのです。しかし、考え方が間違っています。儲かる仕事がまずあって事業を始めるのではなくて、まず最初に〝顧客の満足ありき〟なのです。お客様のために、どういうモノやサービスを提供すれば満足してもらえるのか、そのために自社をどのように改革していかなければならないのかを常に考えていかなければなりません。

「どんな商品（サービス）ならお客が喜んでくれるだろうか」

こういう視点が必要です。

いまの仕事がダメになったから、何かうまい仕事はないだろうかと考えるのは、本末転倒も甚だしいといえます。

金子社長は、人からヒントを得ては商売の方向を変えていたのですが、何が本当に自社を発展させるものなのかを自分で考えもせずに、他人の儲け話に首をつっ込んでは失敗を繰り返しました。

「アイツの言ったことはガセネタだ」「このアイデアだけで儲るはずはなかったんだ」と、話を聞いた相手にすべての責任があるかのように話すことが多かったのです。人のせい

改革意識をもつには？

□ 自分で判断する
□ 自分で方向性を見つける

↓

何を、どのような方法でいつまでに改革するか

↓

社長自身が指示できなければならない

にすることで失敗したのは自分の責任ではないと、社内で口にしていたのです。もちろん社員が信頼するはずもありません。

金子社長は先見性や洞察力を磨いて、自社の進むべき方向を明確にし、いまこそ経営のビジョンと目標を掲げ、関係者や部下に示すことが必要です。中小企業の社長は、次から次へと試行錯誤を繰り返し、手を打たなければならないとわかっていても、目先の仕事に追われ、忙しいということを口実にして改革意識すらもとうとしなくなるのです。

五年先、十年先はもとより、数年先を考えて、改革しようという意識すらないのです。これでは、これから先のめまぐるしい環境の変化にはついていけません。

9

「資金繰りのタブー」を知らないとどうなるか？

資金繰りが苦しくなる理由

資金繰りのコツは、資金不足をいかに早く見つけて対応するかに尽きます。明日必要なお金をいますぐ用意しろと言われても、それはムリというものです。一カ月後、二カ月後に必要な資金をいまから用意するのなら、打つ手はいろいろ考えられます。あくまでも、「早め、早め」が資金をショートさせない唯一の方法です。

企業が借り入れをする場合は、必ず綿密な資金計画を立てなければなりません。借りても返済できないようでは借りる資格はありません。

かつて、中小企業向け安定化資金を借り入れた中小企業も数多くありますが、そのうちの二割〜三割は焦げ付いてしまい、回収不可能だと言われています。

一時期銀行は、月商の五〜六倍の負債がある企業にもどんどん貸し出しました。実際問題として、こんな企業に融資しても返済できるとは到底思えません。銀行も信用保証協会が保証する限り焦げ付いても損はありませんでしたから、無造作に貸し付けたのです。いくら景気対策とはいえ、借りる方も貸す方も狂っているといっても過言ではないでしょう。倒産を防止できるようなレベルの企業ならいざ知らず、単なる延命措置だけで貸し付けるのは明らかに異常なことです。

確かに、この資金で一息ついた企業もたくさんあります。ただしそういう企業は、負債は多くても月商の三倍程度まででした。業種にもよりますが、負債は月商の三カ月分が限度です。

資金繰りを苦しくする理由には次のようなものがあります。あなたの会社は、いくつあてはまりますか。チェックしてみてください。

□売上が不足する、不安定である
□経費がかかりすぎている
□過大な設備投資をした
□資金調達がうまくできない

□自己資本が少ない
□不良債権が発生した
□過剰在庫になっている

通常は、このような要素が複数重なり合って資金繰りが苦しくなるのです。社長としては、資金繰りを苦しくしている要素が何なのかを徹底的に分析して原因を追求していく必要があります。

その上で、どう対処し、改善していくのかを考えて、具体的に実行することこそ重要なことです。「まだ大丈夫」などと甘い考え方でいると、取り返しのつかないことになります。なぜなら、**資金繰りというのは悪くなったら急速に悪くなる**からです。それは慢性的な悪循環を招くことになります。こうなると、なかなか抜け出すことができません。

緊急避難的に不足資金を調達しても、企業体質を変えない限りまた資金繰りに躓くのです。資金不足を解消するためには、次の三点がポイントになります。

①売上を伸ばす

②利益率を高める

③経費を削減する

経費を削減するという考え方には異論もありますが、少なくとも借り入れは、短期から長期に切り替えて資金計画を行なう必要があります。短期で借りても、返済を考えるとすべてを使えるわけではありません。ですから、きちんとした返済計画を立てて長期での借り入れをすべきです。

ノンバンクで借りて儲かる商売はない！

手形の決済ができないようになると、手形のジャンプを要請したり、融通手形を切り合ったりして資金を回すようなことになります。何としても倒産を防ぎたいとの一心から、そういう行動に出るのです。

また銀行からの借り入れができなくなると、ノンバンク、いわゆるマチ金融に走る社長も数多くいます。しかし、マチ金融に手を出したら企業はお終いです。年利三〇％近い高金利で借り入れをして儲かる商売があるとは思えません。まさに幻想といっても過言ではないでしょう。

そうなる前に、万全の資金繰りを考えるべきです。借入金が月商を超えたらすぐに手を打つのです。企業経営を無借金で行なえればいいのですが、そういうことは稀です。やはり銀行から資金を借り入れて有効活用するのが企業の本来あるべき姿です。

設備投資など、大量の資金を必要とする場合は、設備投資をすることで、どれだけコスト削減がはかれるのか、その結果、いくらの収益増が見込めるかを慎重に検討すべきです。つまり設備投資を行なうことによる増収部分で、設備投資の借入金を返済できてオツリがくるかどうかを厳密にチェックしておく必要があるのです。

一時的には、金融機関は法定耐用年数で返済期間を設定することはありません。税法が定める耐用年数まで回収を延ばしたら、安全性に問題があるからです。設備投資資金では、金融機関の定める一定の融資期間があります。その期間内で返済しなくてはなりませんので、念には念を入れることです。

倒産要因を見ると売上不振型が大半を占めますが、そういう中でも、資金繰りをシビアに行なっている企業は生き残っています。

企業がコストで動く以上、資金の流れを常時チェックして臨機応変に対応するのが社長の務めです。

10 「目標管理」を徹底させないとどうなるか？

目標管理はなぜ必要か

社長で「目標管理」という言葉を知らない人はいないでしょう。日本の六〇％以上の企業が目標管理制度を導入していると言われています。

それでは、なぜ目標管理が必要なのでしょうか？

それは、目標管理は業績を上げる仕組みをつくることにほかならないからです。目標を与えて管理することで、社員は向上心をもち、業務遂行能力をレベルアップさせていきます。その結果として、業績向上を目論むわけです。また成果主義で人事評価をする場合は、その評価の要となるのが目標管理です。

挑戦なくして、社員の進歩も会社の成長もありませんから、**社長としては目標管理を徹底させていく必要がある**のです。

とはいうものの、目標管理に標準形はありません。個々の企業が独自に判断して作成し、実施しなければなりません。目標管理は、次のようないくつかのタイプに分けることができます。

●目的別にみると

①業績志向型

②能力向上型

●実施面からみると

①結果重視型

②プロセス重視型

どのタイプを選ぶか、あるいは組み合わせるかは、企業の経営状況、社員の能力、意識などを総合的に判断して決めることになります。目標管理導入にあたっては、この点に特に注意することが肝心です。

現実問題として、各企業において目標管理がうまく機能しているかといえば、必ずしもそうではありません。形だけの目標管理になってしまい、持て余しているのが実状というケースが目につきます。しかし、目標管理はやはり必要不可欠です。

目標管理の最終目的は、社員が一生懸命に取り組んできた目標の成果を公正に評価し、人事評価に生かしていくことです。これからは年功序列や終身雇用という制度は存在しなくなります。あくまでも〝**成果なくして職もなし**〟ということになるのです。

問題解決なくして目標管理はない

どの会社も、必ず問題を抱えています。問題がない企業はありません。換言すれば、目標管理を導入すれば、問題点も浮き彫りになってくるのです。端的なのが、目標管理を導入しようとすると、顕在化してくる阻害要因です。

目標管理を成功させるためには、実行段階に入って足を引っ張るような問題点（障害）を取り除いていくことです。それは会社のシステムの不備であったり、社員そのものの能力、あるいは外部環境ということもあります。

問題解決の原則は、「PDCAのサイクル」を回し続けることです。つまり「①Plan→②Do→③Check→④Action」のサイクルを回しながら、うまくいかない原因があれば、それに対して効果的な対策を考え、次の実行時に生かしていくということです。そうすれば同じ要因による問題の再発を防ぐことができます。

問題解決を試みながら目標管理を徹底させていくと、社員に考える力が生まれます。とくに最近の若い社員の中には自分で考えて仕事をすることができない人が多くなっています。指示を与えないと動かないというのでは企業は成り立ちません。

口ではいいことを言っても、いざ実行段階になるとまったくダメという社員がいませんか？

そういう社員の割合が多い会社ほど、躍動感もなくなります。社員が具体的な行動を起こして儲けてこそ、会社が成り立つという原則を身体で理解していないのです。

目標管理を徹底させれば、危機感がなくなることも、マンネリズムに陥ることも少なくなります。自社の将来の方向性を考えて、社長自ら目標管理のシナリオを描いてください。

第3章

戦略的思考がないと
生き残れない

1

「戦略的思考」がないとどうなるか？

戦略がなければ段取りも悪い！

昔から仕事は「段取り七分」とか「段取り八分」とか言われてきました。

段取りというのは、仕事の順序・進め方、あるいは方法を決めること、心構えをすること、工夫することなどを意味します。段取り八分といえば、段取りさえできていれば仕事は八分どおり仕上がったのも同じだということです。

仕事の段取りをつけるのは、仕事に対する心構えをも含むのです。しかし社長の場合、そこに戦略的な思考がないと会社をうまく取り仕切ることはできません。

「社長は仕事の段取りがうまい」「社長は段取りが悪い」

こう言われるのは、段取りが仕事の成否を決めてしまうからです。

最近では、「ほう（報告）、れん（連絡）、そう（相談）」に加えて、「じゅん（準備）、だん（段

社長は何をもって仕事を進めさせるのか

生産性＝パフォーマンス（仕事の遂行）
＝モラール（意欲）×スキル（技能）

積極的な経営戦略や、社長のリーダーシップによって社員のモラールはさらに高められる

段取りが整っていないとスキルは活かされない

取り）」の重要性が指摘されています。管理サイクル――プラン（PLAN＝計画）、ドゥ（DO＝実施）、チェック（CHECK＝結果の確認）、処理（ACTION＝処理）――のプランの段階が段取りで、プランは目的を決める、目的を達成する方法を決めることです。

この段取りについて、社長を中心に方針を明確にする必要があります。経営理念も、戦略的思考もない企業では、「企業の寿命三〇年」といわれる今日では、消えざるを得ない運命にさらされるといっても過言ではありません。

スキル（SKILL＝腕前、熟練、技能）がいくら優れていても、段取りが悪いと仕事の質も悪く、余計なコストがかかることを忘れ

てはなりません。

目標だけを与え、それを達成するための方法を示さない社長が少なくありません。**段取りなくして成果を期待することはできない**のです。

社長から現場へと方針が一貫して徹底されなければなりませんし、戦略的に段取りよく上から下へと具体化されていくことが必要です。方針の徹底には社長の強力かつ戦略的なリーダーシップが欠かせません。

■社長は戦略という地図を描かなければならない

「今年の目標は三〇億円！」

「売上を上げることのみに集中せよ！」

N商事の西田社長（仮名）は、社内の壁という壁に方針や目標をベタベタと貼らせています。果たしてこれでいいのでしょうか？

さらに西田社長は誰に対してもこう檄を飛ばします。

「目標達成のためなら手段を選ばずだ」

「どんなことをやっても売上を伸ばせ」

部下の仕事がうまく進まないと、仕事の進め方を指示したり、指導したりせずに、「押してダメなら引いてみな」とか「根性、努力、突進のみ」などと抽象的な話ばかりをします。要するに戦略がきちんとしていないから、具体的な方針を示せないのです。もっと言えば「何も考えていない。ただ夢を追いかけているだけ」といっても過言ではないでしょう。

「目標達成のためには、B地区重点主義でいこう。○○商事なんか捨ててしまえ」

昨日こう言ったのが、今日は「○○商事の話を聞くと、どうもわが社に傾いてきているようだ。○○商事中心に売り込みをはかれ」と方針がコロコロ変わります。

売り込み方で得意先などから悪評を受けると、「いくら、何でもやれっていったって限度があるよ。日頃からオレが言っているだろう、節度ある売り込み。これだよ」と言うのです。

ところが、売上が目標に届きそうもなくなると、今度は「目標達成には手段を選ぶな」とか「何がなんでも売上を上げろ」となって、またまた「押してもダメなら引いてみな」ということになるのです。まさに滅茶苦茶です。

こうなると仕事そのものがわかっていないとしか言えません。部下はどこまでやっていいのか判断に迷い、さらに営業が弱くなってしまいます。朝令暮改に加えて、行きあたりばったりな判断をして、仕事の流れなど考えてもみないのです。

「あの仕事は大丈夫か」

定期的に進捗情況や成果などについて報告させているにもかかわらず、何でも「大丈夫か」になるのです。部下に段取りを示し、権限を委譲して目標がクリアできるようにもっていこうなどとは考えません。

戦略がないと段取りも手順も示せないはずです。これでは地図も見ないで荒野を歩くのと同じです。どこかで方向性を見失って立ち往生してしまいます。

また戦略がないと、首尾一貫した指示が出せないのです。社長は、まず戦略を考え、その上で具体的な戦術を考え、それを仕事の手順に結びつけていくことを考えなければなりません。

段取りがきちんとしていれば、進捗状況をチェックするのも容易です。

2 「戦略的な人材」を育てられないとどうなるか？

人材がいれば会社は必ず伸びる

どんなにコンピュータが普及し、情報化社会が進展しようとも、**会社を殺すのも生かすのも、紛れもなく人**なのです。人材がいない会社が成長することはありません。社長がいかに優秀でも、社長一人でできることなどたかがしれています。会社はまさに人間の城です。そこで必要なのは、いかに利益を生み出す社員を育て上げるかということです。

「うちの社長はいちいち細かなことにまで口をはさんでくるからやる気がなくなる」

「人材がいないと言うばかりで育てる気がない」

「ウチの会社でどんな能力が必要かわかっていない」

このような不満をもっているのが、中小企業の社員の特徴かもしれません。

社長は、自分の思っている通りに従業員が動いていないと文句を言うものです。ところが言われている社員からすると、何を言っているのか理解できません。

どのような経営方針に基づいて、どのような教育をして、どのような成果を上げるのを期待しているのかが示されていないと、「そんなにやかましく言うのなら、自分でやればいいじゃないか」という反発しか起きないのです。

いまの時代は、人的資産を有効活用することで経営の効率化をはかり、経営体質を健全化しなければなりません。すべてはあなたの会社の人材、つまり社員の質にかかっているのです。

部下からやる気を奪ってしまうような管理行動をしているようでは、不平不満を醸成することになって、業績を回復させるどころか、低下させることになってしまいます。

社長は、部下の一人ひとりが成長していくような活用法、教育法を考えていく必要があります。

人間は誰しも、自分の考え方や行動は正しいものと思いがちです。しかし第三者から見ると、そうとは思えないことが多いのです。人間は自分のことがわかりません。

社員がダメなのは社長がダメだからです。人材が育たないのなら社長自らが変わらなければならないのです。社長が変わらなければ社員は変わりません。社長が変わることで、社員の能力を引き出し、社員が変わっていくのです。

大企業では、中間管理職のリストラや早期退職制度などといった社員の切り捨てが行なわれているケースが多いですが、中小企業では、人余りの中で人材は不足しています。残念ながら中小企業には最初から優秀な人材が入社してくることは、大企業に比べれば少ないのが現実です。

それが現実である以上、中小企業も人材教育をして優秀な戦力に育てていく必要があるのです。人材によって会社の発展が左右されます。中小企業の社長は、経営戦略の一環としての「人材育成」への取り組みを具体的に実践していくことです。

成果を確実に出す社員こそ人材！

K技研工業の米田社長（仮名）の口癖はこうです。

「あれだけ教育したのに、カネをかけているのに能力が向上したヤツは一人もいない」

「人材が育たないのは、能力がないからだ」

ところがこれといって人材教育をやっていないのです。「あいつをセミナーに参加させたじゃないか」「ＯＪＴを管理職に命じているじゃないか」「自己啓発のために福利厚生費を使っているじゃないか」と自慢するのですが、「オベッカ使いだけを優遇して」と社内では悪評だらけです。

だから社長がいかにハッパをかけようが、いかに指示を出そうが、社員はいっこうに動きません。そうなると悪循環で、「うちの社員は能力がない。バカばかりだ」と悪口ばかりが口をついて出ることになってしまうのです。

こういう社長の深層心理はこうです。

「社員は会社の歯車にすぎない。いわば仕事の道具だ。それぞれの持ち場でがむしゃらにがんばればいいんだ。社員のかわりはいくらでもいる。能力のないやつばかりなんだから誰がいなくなっても関係ない。教育するなんてもったいない」

こんな考え方だから、社員の能力など考えずに仕事を与えておいて、何のバックアップもしません。どういう方向に仕事をもっていくべきかの指示もしないで、うまくいかないと「バカやろう」と叱るだけなのです。おまけに「どうなっているんだ。おまえは歯車以下か」などと平気で口にします。違いますか?

こんな社長が率いる会社では、社員は入社して半年もするとどんどんと辞めていき、人材育成など夢のまた夢ということになってしまいます。

中小企業での本当の人材とは、苦しいときになんとか辻褄を合わせてくれるような社員です。会社の目標数字に届かないようなときに、なんとか嵐が過ぎ去るのを待つような社員ではなく、そのマイナス分を、休日を返上してでも穴埋めしてくれるような社員です。口先だけの評論家ではなく、具体的に実行して、確実に成果を上げてくれる社員なのです。こういう人材がどれだけいるかで会社が伸びるかどうかが決まります。

「一生懸命やりましたけれど、できませんでした」というような社員は人材ではありません。会社はコストをかける限りは、それを上回る売上がなければ利益は出ないのです。**一生懸命やっても成果が出ないのは、何もやっていないのと同じことです。そういう意識を社員に植えつけることから人材教育を始めることです。**

何事も意識が低いとうまくいきません。**能力の差とは意識の差**なのです。往々にしてダメ社員はネガティブワードを連発します。いつも逃げ道をつくって自分を正当化しようとするのです。これを改めるだけでも社員の力量は大幅にアップします。常に前向きな考え方があれば戦略的な思考も出てきます。そのように**導いていくのが社長の力量**というものでしょう。

3 「リスクマネジメント」ができないとどうなるか？

戦略的意思決定は常にリスクを伴うもの

いまほど、社長にとって意思決定が難しい時代はありません。しかし意思決定が難しいというのは、いつの時代でも言われることで、いまの時代だけが難しいという根拠はありません。

今日は経済環境が複雑になり、不透明、不確実の時代です。景気の論議も活発に行なわれていますが、マクロ的な論議は評論家、経済学者にまかせるとして、そのような場面においては、社長自身の戦略的意思決定が重要になってきます。

経済の先行きは、いまだに明るいとは言い切れませんし、消費の動向がどうなるのかもつかめません。このようなときには、戦略的意思決定が経営の成果を左右します。

しかし対応を誤ると命取りになりかねません。たとえば低成長時代にあっても、競争相手との差別化を図るために設備投資が必要になることもあります。けれど、設備投資などの固定資産の肥大化が倒産の原因となっていることも事実です。たとえ設備をフル稼働させても、それがただちに売上増に結びつかないのはご存知のとおりです。

こうなると、金利と固定経費の増大が経営の足を引っぱることになりますから、単純な考え方では、投資効果を期待することは難しいわけです。

「リストラ、リストラ」と騒いでいる会社で、人員の削減は進めていても、原材料、半製品、製品、商品、売掛金、土地、機械、店舗などのリストラはされていないケースも多くあります。つまり**生かされていない固定資産などが寝ている**のです。

不況期になると、売掛金や未収金、不良在庫、不良貸付金（とくに中小企業においては同族関係者に対するものが多い）が増えてしまうものです。そこで、ムダを排除してスリムになるといったところで、不良貸付金などを少なくするということはなかなか困難です。

安易な設備投資は大きなリスクを招きます。とはいえ設備投資をしなければ会社を維持発展させることができません。投資するか、しないかは、いつの場合でも、ある意味では賭けであり、リスクが伴います。ベンチャー精神がなければ設備投資の意思決定は難しいものです。

いかなる戦略的意思決定でもリスクが伴いますし、言葉は悪いのですが、賭けそのものと言えるかもしれません。

そこで失敗したリスクを計算に入れて決定することが必要です。そのためには、戦略に則った慎重な計画が必要であると同時に、勇気ある大胆な決定が求められるのです。

リスクマネジメントができないのであれば、社長失格です。社長をやめたほうがいいでしょう。社長はいつもリスクを考えながら、同時に戦略的な思考をもつ必要があるのですから。

夢は夢、現実を見てリスクを管理

リスクのないビジネスはありません。リスクのない経営判断もありません。社長には、様々なそのリスクをあらかじめ想定し、マネジメントする責任があります。

H工業の本田社長（仮名）は、「目標売上一〇〇億円、業界における順位を二桁台に」という目標を打ち出し、そのために設備投資することを決定しました。自分ではいい目標であり、設備投資もそのために有効だと自画自賛していました。

それでは、どういう根拠で目標をかかげ、設備投資をすることを決定したのでしょうか。

「社長は気でもふれたのか。去年の実績がやっと五〇億円に近づいたばかりなのに、夢をもつのはいいけど、夢は夢だよ。現実問題として達成できる数字ではないよ。どういう計算しているんだよ」

「営業会議で六〇億円を目標にすることを提案したのに、それが絶対に一〇〇億円だと……。何を根拠にしているんだよ。また、インチキなコンサルタントにたきつけられたんだろう」

部下は陰でコソコソとこんなことを話しながら、やる気などいっさいないのです。

本田社長だけが毎日、毎日、「目標売上一〇〇億円だから、一カ月八億円いけばいいだけだ。なんとしてでも売上げろ！」とハッパをかけ続けています。投資の金利が重く会社にのしかかっているのに、こういう単なる数字の目標だけを示してもダメです。具体的にどういう施策を実行するかを示せなければ、いくら設備投資をしても売上が大きく向上することはありません。

最低限必要なリスクマネジメントとは

1　製造物責任（PL 法）対策
2　自然災害のリスクマネジメント
3　知的所有権に対するリスク対策
4　経営戦略のリスク管理
5　環境問題に対するリスク管理
6　労働災害・労働安全管理
7　従業員リスク対策
8　企業倒産対策
9　プロフェッショナル・ライアビリティー
10　税務リスク対策
11　事業承継・相続対策
12　生命保険・損害保険でのリスク対策
13　不動産リスク対策
14　その他の経営リスク対策

4

「スピードのある決断」ができないとどうなるか？

決断が遅れると命取り

朝令暮改をする社長はよくない経営者で、部下に信頼されなくなると言われます。それこそ社長失格ということになりかねません。

しかし現在はスピードが求められる時代です。**社長はすぐに決断できなければ明日はない**のです。

何ごとも手遅れにならないように、いざというときにはトップダウンで「朝令暮改」も辞さないようにしなければ倒産が待っているかもしれません。

鉄鋼問屋のT商事の小沢社長（仮名）から相談がありました。

「最近、○○鉄工というウチの取引先が困ったことになってきた。いままで品物を納入して、代金は手形で回収していたが、ここにきて手形のジャンプを何回も要請されて、それが積り積って二〇〇〇万円近くになってしまった。どうやら危くなってきた」

小沢社長に負債総額を聞いたところ、一億円になるとのことでした。そのうち金融業者からの借入れが五〇〇〇万円にものぼっていました。

小沢社長は朝から晩までよく働き、家内工業で息子三人とわずかな従業員で仕事をやっていたのです。ところが小沢社長自身が職人で、計算がまるで苦手でした。

このままでは回収の見込みがないと判断したので次のようにアドバイスしました。

「このようなケースではまず回収は難しいと言えます。二〇〇〇万円はあきらめてこれ以上つぎ込まないことです。手形を金銭消費貸借に切り替えて、公正証書にしておいてください」

小沢社長は回収をあきらめきれないようですが、すぐさま手を打つように諭しました。

本来はこのような状態になってからでは手遅れです。見切り千両とか、損切り千両と言われますが、いかに見切ったり損切ったりすることが難しいか、その立場に立ってみないとわからないものです。

日常、多くの経営者は、債権を見切ったり、損切ったりするような葛藤の場面で苦しい決断を余儀なくされています。こういう決断力は、書物を読んだところで身につくものではありません。やはり多くの経験をして経営能力を養うことが必要なのです。

現在では、たとえ朝令暮改であっても判断を変えざるを得ないことが往々にして出てきます。**「これだ！」と思ったら朝令暮改をしてもいいのです。**ときには戦略が変わることもあります。金科玉条のごとく、ひとつのことに固執するのは考えものです。スピードが要求される時代にはスピードのある決断が不可欠です。

見切りにも素早い決断が必要

中小企業、とくに小規模企業では、社長が、朝から晩まで「忙しい、忙しい」と走り回っているか、工場や現場で汗を流しているということが多くなります。

それで儲っているかというと決して儲っているわけではなく、個人資産はすべて金融機関に担保として差し出してあって、債務超過の場合には、よほどの手段をとらない限り再建は難しいケースがほとんどです。その場合は、いち早く任意整理か、法的整理をすることが最善の策であり、傷口が大きくならないように素早く決断しなければなりません。

しかし、どの会社の社長であっても、「何とか倒産を避けなければ……」と、あらゆる手段を講じて生き延びるために奔走するものです。とくに不動産などがあるときには価格を高く評価して、その売却に望みをつなぐことになります。ところが売却したくても不況の最盛期には、大きな物件などはなかなか処分できなくなります。そのうち金融機関がしっかりと押さえてしまいます。

参考書にあるような理想的な処理などまずできません。T商事のようなケースになることが多くなってしまいます。

そこで朝令暮改と言われようが、とにかく素早く決断してダメージをできるだけ少ないものにすることが社長の責任なのです。それも戦略です。

販売したほうも、仕入れたほうも、お互いに苦しい経営を強いられているというのが中小企業の実状です。中小企業は社長の苦労が絶えない組織体で、社長が的確に決定し、社長が確実な判断をしなければ勝ち残っていけないのです。

中小企業の社長は、高利の金融に手を出す前に、すなわち傷口が浅いうちにリストラに取り組み、ダメージが少なくなるようにしなければなりません。

企業経営は理屈だけでは動きません。人間が動かし、人間が決定するのがビジネスです。企業経営は人間くさいものなのです。

社長に求められる決断力とは

- ☐ 強固なポリシー
- ☐ 経営の場面・事態に応じた柔軟な姿勢
- ☐ 臨機応変な対応
- ☐ 決断に至るまでのスピード感

どんなにコンピュータが優れていても、それは判断材料を提供してくれるにすぎません。その材料を判断して素早く決断するのが社長の役目です。

会社の成長過程でも素早い決断がないと、せっかくの成長がストップすることもあります。

あるいは不測の事態の場合など、早急に決断しなければならないときに決断できないようでは傷口を深くして挽回不可能になるのです。

5 「不採算部門（商品）」を整理できないとどうなるか？

取扱い商品を見直す

ポートフォリオ分析には、「負け犬を切れ」という理論があります。これは不採算部門を整理せよということです。この不採算部門（商品）をどうするかで経営も決まります。

中小企業の社長の中には、**不採算部門がどこなのか、何がいったい自社の利益に貢献し、何が自社の足を引っぱっているのかがわかっていない人もいます。**売上高が増えているから貢献している、売上高が落ちているから足を引っぱっている――そう単純には判断できないのです。

まずは商品の特性を把握し、商品の売れ行き状況をチェックして貢献度を調べます。商品の販売効率を高めるためには、商品別の貢献度（回転率）をチェックしてみることです。

商品別の売上貢献度をチェックする

〈商品別売上貢献度の出し方〉

□　**毎月の売上構成比**

主力商品か、定番商品か、死に筋商品かなど商品の売れ行きの特徴をつかむ

□　**過去3～5年間の売上高成長率**

売上高を商品別に算出し、前期に対して何%の割合で伸びているのか、成長性を見る

□　**売上高増加寄与率**

商品の貢献度を調べる

売上高増加寄与率（売上貢献度）＝

前期の売上構成比×前期に対する当期の売上増加率

〈商品の回転率の出し方〉

- **商品に投下した資金がどのように運用されたのか、その効率をみる**
- **商品がスムーズに回転しているかどうかをチェックする**

商品回転率＝売上高÷投下資本

売上の貢献度が高い、あるいは回転率が高いということは、通常、売れ筋商品を意味し、品切れに注意する必要があります。一方、売上貢献度（回転率）が低い商品については、商品力、販売方法などを再検討して、見込みがないのなら撤退することです。

健全に発展している企業は、徹底した商品管理によって取引商品のアイテムを絞り込み、あるいは売れ筋商品を増やす戦略を展開しています。

商品を絞り込むことも必要

「商品を絞り込めと言われたって、得意先が注文する商品を断わるわけにはいかないでしょう」「受注生産ですから、いかに利益率が低い仕事だとわかっても、仕事を受けざるを得ない場合があるんですよ」

これが多くの中小企業の現状でしょう。商品を絞り込むといっても、一番のポイントは資金繰りです。赤字受注、出血販売が首を絞めることだと薄々わかっていても、資金を回転させるために注文を断わることができないのです。

「この仕事を断われば仕事がこなくなる」

「この仕事を受けると三分の一の前渡金が入るから、今月の資金繰りは何とかなるだろう」

そう思って不利な条件の仕事を引き受けてしまうことになるのです。ただし、このような経営活動を続けていると行きつく先は明らかです。

仕事は受けるよりも断わるほうが難しいものです。ましてや買い手市場になっている現在ではなおさらです。

社長として、確固たる経営方針、営業方針、販売方針、受注方針などがないとどうなるのかを考えなくてはなりません。売上第一主義で、重点施策を絞り込まないと何のために商売をしているのかがわからなくなってしまいます。そうならないためには、どのような対策をとればいいのかを考えて決断しなくてはなりません。

もちろん、重点志向で商品・仕事を絞り込むといっても、ただやみくもに絞り込めばいいということではありません。売り筋商品を早く見つけたり、開発しながら絞り込んでいきます。それと同時並行的に死に筋商品（製品・仕事）を切り捨てるのです。

売れ筋商品は、よく売れて、商品回転率も高い商品です。死に筋商品は売れ残ってデッドストックとなり、最終的に商品回転率がゼロになるものです。

今日のように変化の激しい時代には、死に筋商品をできるだけ少なくし、売れ筋商品をいかに多く開発し、品揃えするかが勝負です。しかし利益貢献度が高い商品も、いつ売上や粗利益率が下がるかわかりません。ですから常に柱となる商品を開発していく必要があるのです。

今日のような構造不況の時代には、資金の手当てをして、仕事を絞り込み、固定費を削減し、変動費（仕入など）などをダウンさせる努力も必要になってきます。

そのためには、ひとつの手法としてＡＢＣ分析を活用することです。これだけでも商品の売れ筋動向がわかります。

ある程度の規模の企業になると情報管理システムの導入は避けて通れません。商品を単品別、売価ライン別、売れ行き動向データなどを徹底的に管理して、問題点があれば早急に手を打たないと、必ず衰退していきます。そうならないためには、ＡＢＣ分析くらいはやっておく必要があるのです。実際に数字にしてみないと実状は正確に把握できないものです。自分のカンだけに頼るのはきわめて危険です。

6

「取扱商品（取引先）」を見直せないとどうなるか？

どの商品（得意先）の貢献度が高いのか？

前項でも述べましたが、「ＡＢＣ分析」というのは、売上高を商品（群）別、得意先別、地域別などに並べ替え、順位をつけて、ＡＢＣの三つのランクに分類してランク別管理を行なう手法です。とくに重要なＡランク商品を重点的に管理しようとする手法で、実務的によく利用されています。戦略的な経営を行なう基礎になる部分ですから避けて通るわけにはいきません。

中小企業では、「わかっちゃいるけど」活用しきれていないところが少なくありません。

ＡＢＣ分析は、具体的に、まず商品Ａ、Ｂ、Ｃ、Ｄ、Ｅ……を、次ページの表のように、売上高の大きい順に並べます。つまり売上構成比が大きい順に並べていきます。

次ページの場合、最も売上が大きい商品はＡで、全体の二四・八九％を占めていま

商品別売上順位表

商品名	売上高	売上高構成比	累計額	累積構成比	ランク
A	10,774,000	24.89%	10,774,000	24.89%	A
B	6,780,000	15.67%	17,554,000	40.56%	A
C	6,288,000	14.53%	23,842,000	55.09%	A
D	5,815,000	13.44%	29,657,000	68.52%	A
E	5,118,000	11.83%	34,775,000	80.35%	B
F	2,268,000	5.24%	37,043,000	85.59%	B
G	1,815,000	4.19%	38,858,000	89.78%	B
H	1,572,000	3.63%	40,430,000	93.42%	C
I	1,088,000	2.51%	41,518,000	95.93%	C
J	680,000	1.57%	42,198,000	97.50%	C
K	580,000	1.34%	42,778,000	98.84%	C
L	300,000	0.69%	43,078,000	99.54%	C
M	105,280	0.24%	43,183,280	99.78%	C
N	57,740	0.13%	43,241,020	99.91%	C
O	20,700	0.05%	43,261,720	99.96%	C
P	15,830	0.04%	43,277,550	100.00%	C
Q	1,630	0.00%	43,279,180	100.00%	C
	43,279,180	100.00%			

す。売上構成比の大きい商品は、売上に対する貢献度が高いということを示します。

ところが、商品の構成比が高すぎると問題も出てきます。たとえばA商品の売上が高いということは、それだけ会社がA商品に依存している度合が大きいということでもあるのです。

得意先別管理では、たとえば五〇社ある得意先のうち一社だけの売上が高いということは、それだけ依存度が高いということを示しているわけです。もし、その一社がなくなると、いっぺんに売上がダウンしてしまうことになります。

こういう構成比は、中小企業にとってかなり危険だということを理解しておく必要があります（現実にはこういうケースが多いのですが）。

とくに一社専属の下請企業の場合には、その会社が不調ということになると、もろに影響を受けて倒産の憂き目を見ることになりかねませんから、十分に注意するとともに、一社専属から脱する方策を考える必要があります。

また商品の場合には、A商品の製造が止まったり、在庫が切れると、それだけ売上がダウンします。さらにA商品のライフサイクルが下降して売れなくなった場合には、きわめて危険な状態に陥ることになるのです。

交差比率・利益貢献度で商品の販売効率を判断する

商品の販売効率を判断する基準に交差比率という指標があります。平均在庫がどれくらいの粗利益を生み出したのかを判断する比率です。この比率が高いということは、少ない在庫で高い粗利益を生み出しているということになります。その公式は次のとおりです。

【交差比率＝粗利益率×商品回転率】

交差比率は二〇〇以上が望ましいとされます。

次ページの商品別利益貢献度をみると、交差比率は低いが売上高構成比の高いA商品が1位となっています。交差比率をみるとC商品が1位になります。貢献度比率ではA商品が1位で、C商品が2位、B商品が3位ということになっています。

何種類もの商品を販売している場合は、どの商品がどの程度、会社の利益に貢献しているかをいつも知っておく必要があるわけです。

粗利益が低くても交差比率が高い商品もあります。反対に粗利益が高くても交差比率が低い商品もあります。そこで、どれが売れ筋商品なのか、死に筋商品などを見極める必要があるわけです。その目安として交差比率や貢献度比率を使えば便利です。

たとえばスーパーなどでは、売価を安くして量を売る戦略をとることが多いのですが、これは粗利益率を低くしても商品回転率をそれ以上に高めることにより、交差比率を高くする方法です。そのために有利な商品をパターン化して品揃えに役立てているのです。

現実には、儲かる商品ばかりというわけにはいきませんから、多くの商品をミックスするということになります。

商品別利益貢献度表

	売上高構成比 a	粗利益率 b	商品回転率 c	交差比率 d=b × c	貢献度比率 e=a × d	同左順位
A	47.0%	11.3%	17.6 回	204.2	9,595.5	1
B	16.0%	12.9%	24.4 回	314.8	5,036.8	3
C	15.8%	7.2%	50.6 回	364.3	5,755.9	2
D	16.2%	12.9%	7.9 回	101.9	1,650.8	4
E	1.8%	19.0%	8.5 回	161.5	290.7	6
F	3.2%	10.7%	18.5 回	198.0	633.6	5

たくさんの商品を扱っていたり、生産していたりすると、商品構成がなりゆきまかせになりがちです。これでは効率よく利益を生み出すことはできません。

商品回転率と粗利益率を見ながら、なるべく有利な組み合わせができるようにガイドラインを決めておくことです。

経営上、これはきわめて基本的なことですが、中小企業では意外と軽視されがちですので、チェックを怠ってはなりません。

7

「コスト意識」を徹底させないとどうなるか？

会社はコストで動くことを徹底させよ

あなたの会社の社員は、自分の給料に見合う仕事をしているでしょうか？

社長は、この点にはとくに気を配る必要があります。伸びる会社と伸びない会社の差は、**社長をはじめとするコスト意識にあるとも言えます。**コスト意識のない人には戦略的な思考は出てきません。平和ボケというか、危機感がないというか、極論を言えば、何も考えないでただ働いている人が多いのです。「勤務時間内をつつがなく過ごせば、それでいい」という考え方の社員に期待することには無理があります。自分を変えていこうなんて気はさらさらありません。こういう社員が蔓延すると会社は衰退します。

そこにはコスト意識のかけらもありません。時間をシビアに管理して稼ぎ出すという意識が希薄なのです。「時間＝コスト」という意識が欠乏していると、仕事の段取りや手順もうまくできません。集中力もなく、ただダラダラと仕事をすることになるのです。もちろん戦略的な思考など生まれるはずがありません。

そうならないためには、「終わったときが仕事の終わり」というような成り行き主義は徹底して排除していくことが大切です。同じ仕事をさせてみると、一日でやり遂げる社員もいれば、三日たってもラチのあかない社員もいます。コスト意識のない社員は、「一生懸命やったのだから、成果が出なくても仕方がない」という逃げ道をつくっている傾向があります。こういう社員は、会社業績が低迷しているときにも、何ら建設的な仕事をしようなどとは考えないのです。

コスト意識を徹底させれば、間違いなく仕事の質が変わります。危機感や時間の有効活用の意識も出てきます。それが戦略的な思考経路をつくっていくことになります。

成果型社員を育成する

会社は役所ではありません。コストを吸収する利益がなければつぶれていくのです。いくら勤務時間内にがんばったからといって成果が出ないのでは意味がありません。具体的な成果を出してこそ評価対象になるということを社員に周知徹底させなければなりません。

給与体系も大幅に変化しています。もはや年功序列で給与が増えるなんてことはあり得ません。具体的な目標（数字）の達成度合いによって、はっきりと差をつけるべきです。同年代でも年収ベースで三倍程度の差がつくのは、いまや当たり前になってきています。

いままでのような温情主義では生き残れないことがはっきりしてきたからです。つまり、徹底した成果主義についてこれる人材しか必要ないといっても過言ではありません。

そういう意識のもとで、社長としては無駄なコストを削減することに注目しなければなりません。「ムダ・ムリ・ムラ」を省くのは、コスト削減の常道です。わかっていてもなかなか改善しようとしない社長もいますが、いまはそんなことを言っているときではありません。コストを削ったら企業は衰退するという人もいますが、必要なコストを削らなければいいのです。

戦略的な思考で具体的な成果を確実に出せない人は、ムダな社員です。この事実をしっかりと認識し、社員を育てていく必要があります。

とくに最近の若い人は依頼心が強く、指示しなければ何もできないという人が増えてきています。そういう人間が多いと嘆いていても何らの解決になりません。どんどんチャンスを与えて、前向きな行動ができるように育てていくのが社長の務めです。あまり苦労もしていない温室育ちの人間をどう教育していくかで、会社の将来が左右されるのです。

企業経営にリクツもクソもありません。**限られた時間内に確実に目標を達成しないと企業は生き残れないのです。**

社員に甘い考え方を捨てさせるには、徹底してコスト意識をもたせ、具体的な成果で評価するというシステムをつくり上げることです。そうすることで常に危機感をもって仕事を遂行することができるようになります。マンネリ感も打破できるはずです。

伸びている会社は、危機感を常にもっています。現状に甘えることの怖さを社長自らが痛感しているからです。**優秀な経営者は、業績が絶好調でも、次の手を考えています。**そういう会社は必ず伸びます。社内にも前向きな雰囲気が漂っているのです。

8

「情報化の進め方」がわからないとどうなるか？

中小企業にも情報化投資が必要か？

有形の産業から無形の産業の時代がきて、より一層、情報サービス産業が高度化してきました。情報文化が発展し、同時に情報文化を担う企業が伸びてきています。この傾向は今後も続いていくでしょう。

現在は高度情報化社会への移行期を過ぎ、マルチメディアが社会生活に浸透しています。実験段階にあるものも次第に実用化されてきます。医療、教育、マルチメディアソフト、企業内テレビ会議、情報通信システム、行政、商取引（ネットショッピング、ネットバンキング）、ＳＮＳなどが花盛りです。

買い物は、スーパーやデパートにわざわざ行かなくても必要なものをＰＣやスマートフォンといった端末から選んで注文すれば、品物は宅配便で届けられてきます。支払いはクレジットカードでも、バーチャルマネーでも決裁することが可能です。

一部の大企業で実施されている在宅勤務は、サラリーマンを通勤地獄から開放してくれました。仕事は自宅で片付け、期日までにネットで会社に送ります。打ち合わせもテレビ会議やスカイプなどで済ませ、必要なときにだけ出勤することになります。

とはいえ、バラ色に語られるマルチメディア社会も、規制緩和、商慣行、とくに経営者の意識改革が必要になります。乗り遅れた中小企業の社長は、いまからでも投資をして、マルチメディア社会に対応できるように準備を進めていかなければならないのではないでしょうか。

いま自社にとっては何が必要なのか、情報化は今後、どれだけどうやって進めるか、判断をする必要があるのです。

ネットショップを新事業として始めようとするような企業にとってはただちに進める必要があるのですが、それほど急激に情報化を進める必要がない企業もあります。月次損益、日次損益、ABC分析もできないようなシステムしかないのに、システム開発ばかりにお金をかけるのはどうかという疑問が残ります。

コンピュータを利用している企業でも、効率的に活用されているかどうかは疑問です。

入力に多くの時間を費やし、非効率的な業務を増やしている企業もあります。今後はEコマースなどによって、さらに効率化をはかる必要も出てきます。しかし、絶えず射程距離に入っているものから手をつけていくというスタンスが必要だといえます。

情報化を進めるとはどういうことか

生き残るために、早急に情報化を進める必要がある企業も数多くあります。T商会の戸田社長（仮名）も、情報化を進めることはもっともなことだと思っています。

ところが、情報化を進める具体的な方策を考えていないのです。コンピュータを導入したから情報化だと思っているくらいで、自社にとって情報化を進めるというのはどういうことなのかはチンプンカンプンなのです。

それにもかかわらず「ネットショップ」などという言葉を聞くと、すぐに部下に導入するように指示を出したりするのです。何のメリットがあるのかを考えもせずに資金を投入するのです。ホームページも、OA業者にカタカナ語をまくしたてられ、つくってしまう始末です。

戸田社長は、情報化について知らないことは知らないと言うべきなのですが、虚勢を張って、すべて単独で決めてしまうのです。いい加減な専門家（？）もいる世界ですので、しっかりとした専門家を見つけてまかせることも必要です。

情報はタイムリーでなくては価値がありません。必要とする情報を入手するためには、自社の情報化を進める必要があります。

たとえば、貸借対照表、損益計算書などの財務諸表は、決算期を経過しての税務申告、株主総会への報告など重要な役割を担うものです。

しかし管理会計からいえば、決算期を二カ月も経過していれば、現時点の状況が把握できません。さらに二カ月も経過しなければ、儲ったのか、損をしたのかわからないようでは、次の手が打てません。これでは結局、なりゆき管理になってしまいます。

これからの企業は未来管理会計が必要です。いまや進んだ企業では月次決算はもとより、日次決算をするようになっています。前月分の売れ筋情報が翌月末にしか入手できないようでは、商品のライフサイクルが短くなってきた今日、営業戦略上、時期を逸する恐れがあります。

中小企業が、タイムリーに情報を入手し、それを加工して有効に活用するためには、あらためて自社の経営情報システムを構築し直す必要があるのです。

9

「ネットワークの本質」がわからないとどうなるか？

ネットワークの原点は顧客本位の経営

ネットワークというのは、横断的に網の目状につながる関係で、経営・組織関係の用語として使われているネットワーク組織は、情報交流、技術開発などを目的とした企業と組織間、個人と企業、組織間、さらに個人間の結合関係を意味します。

今日では、ネットワークはコンピュータと情報通信技術の発展によって、情報通信ネットワーク、コンピュータ通信網という意味で使われることが多くなりました。

ただしネットワークというのは、古くから人間社会において考えられていたもので、人間の営みの中に人と人とのつながりの仕組みとして活かされてきたのです。仏教聖典の中でも、人は縁によってつながり、網の目をつくっていて、網の目は他の網の目と関わっているからひとつの網の目として成り立ち、役に立つことになると示唆しています。

つまり**網の目は、他の網の目が成り立つために役立っているのです。**現代風に解釈すると、ネットワークにおける関わりや関係性ということになります。

他の網の目に役に立つということは、顧客のために役に立つという「顧客本位の経営」と解すればいいでしょう。CS経営（顧客満足経営）がもてはやされて久しいですが、永遠に変わらない道理だといえるのです。

この顧客との関わりの中から新しいビジネスが生まれてくるのです。インターネットでも、SNS等を利用して顧客を発掘・創造する手段を考えることです。

ソーシャルメディア時代を迎え、中小企業でもコンピュータによるネットワーク戦略を展開する必要があります。

ネットワーク戦略では、複数の組織が規模を問わずに連携していく柔軟な組織、たとえば異業種交流などは、インターネットを利用することで、大きく展開することが可能になります。そこにビジネスチャンスも生まれるのです。

コンピュータネットワークがつくり出すサイバースペースが浸透して、社会の構造、システムが変わってきています。そうなると、卸・小売業の持つ情報の仲介機能が不必要になりかねません。ITに強い企業は、企業同士、企業と消費者、消費者同士を直結します。

だからこそ、これからは従来取り組んでいる事業を中心に、周辺分野あるいは新規事業などに進出する必要があるのです。顧客のニーズの多様化は、サイバー社会の中にあって、技術革新によって新たな需要が生じてきます。それに対応して具体化をはかっていくというのが、ネットワークの効果的な活用法です。

たとえば、小売店が顧客とのネットワークづくりをコンピュータのシステムで構築しようと考えても、あまりに**自己本位で、自らの儲けを優先させるものならば必ず失敗します**。また現在、顧客がどのような状況にあるかをつかめなければネットワークは生きてこないのです。

いつでも相手のためにネットがある――。

社長としては、網の目は他の網目に役に立ってこそ自らの存在価値があるということをわかっていなければならないのです。

第4章

懐が深くないと社員が離れていく

1

「コミュニケーション」が悪いとどうなるか？

社員とのコミュニケーションは万全か

外から見れば、何事もないようにコミュニケーションがはかられ、うまくいっているように見える企業であっても、ドアを開けて一歩中に入ると、不平不満が渦巻いていることがあります。いまにも社員が集団で辞めてしまいそうな雰囲気が漂うのです。私の長年のコンサルティング経験からみれば、このような企業の一番の欠点は、社長が聞く耳をもっていないということです。

中小企業はワンマンコントロールが多いのですが、ワンマンがすべて悪いかといえば、そうとばかりは言えません。小人数の小さな会社では、社長がワンマンでなければ経営はうまくいきません。ワンマンであっても社長が聞く耳をもっていれば、コミュニケーションの食い違いは起こりません。

また社長がアイデアマンで、次から次へと新しい製品を開発して業績も向上しているような企業は、ワンマンでも欠点は露呈しないことが多いのです。

どの中小企業でも、時間的に余裕のある社長は少ないはずです。そのぶん社員とのコミュニケーションが粗末になり、信頼関係が揺らいでいきます。ある面では、**会社が伸びるか伸びないかは、社長に聞く耳があるかどうかによって決まってくる**とも言えるでしょう。

ワンマン経営の会社では、部下は絶えず社長に相談して、判断を仰ぎたいと思っているはずです。にもかかわらず、社長が聞く耳をもたなければ、部下は失望してしまいます。とくに無視されたときには、部下のやる気は、それだけでそがれてしまうものです。

中小企業の社長の中には、部下とのコミュニケーションがないにもかかわらず、毎週といっていいほどゴルフの付き合いは欠かさない人もいます。

そういうケースでは、部下の不平不満が募ることになり、次第に仕事の能率が低下していくのです。

社長は、会社は人間で動くものだということを片時も忘れてはなりません。人間を尊重しない企業は伸びません。だからこそ、コミュニケーションが必要なのです。

積極的傾聴ができる社長でありたい

数多くの中小企業で会社の問題点を調査すると、「うちの会社はコミュニケーションが悪い」という回答が圧倒的に多いのです。そのほとんどがトップへの不満です。部下を尊重し、よく話を聞くこと、つまり積極的傾聴ができない社長が実に多いのです。

会社が人で動く以上、お互いが納得して仕事をする必要があります。つまり社長としては、指示・命令の受け手をどう理解するかが問われるのです。

社長が指示・命令しても、それが部下に正確に伝わらなければ意味がありません。部下が指示・命令を違うように解釈したり、理解不足で誤った受け取り方をするようでは、出発点からずれているのです。

次のような社長はコミュニケーション能力が欠けています。これでは指示・命令が、正確かつ的確に伝達できません。一度チェックしてみてください。

□社長はコミュニケーションの要であるということを理解していない
□自分だけがわかっていて、部下に理解させることができない

□部下の気持をよく理解していない
□部下の共感的な理解が得られない
□具体的な指示・命令ができない
□受け手の言葉で話ができない
□相手の話をまともに聞かないで一方的にしゃべりまくる

コミュニケーションでのキーポイントは、相手が素直に耳を傾けてくれるかどうかです。聞き手に誤解されてしまえば受け止め方が異なってしまいます。聞き手が聞きたくないということになったら、話し手がいくら話しかけても意味がありません。聞いたとしても誤解が生じかねないのです。

社長はコミュニケーションを妨げる要因をよく理解して、コミュニケーションがスムーズに行なえるように工夫してください。

だからこそ、人間志向、相互理解、共通理解が必要となってくるのです。とくに、言葉の裏側の感情を相手に理解してもらえるように努力することが必要となるのです。そのために、**社長のほうから〝心の扉〟を開くように**心掛けなければなりません。

部下を理解する態度こそ大切

部下の話の腰を折る社長がいますが、これはいただけません。なぜなら相手を尊重しない態度だからです。部下は社員であっても同じ人間なのです。つまり立場の違いはあっても、人間としての関係はイーブン・イーブンなのです。こういうスタンスで部下に接することで部下は信頼してくれます。

人の上に立つ人は、自分の意見を言う前に、まず部下がどのような考え方でいるのかをよく理解する必要があります。部下の話を的確にまとめて、「こういうことかね」と復唱してから自分の意見なり、結論なりを言うべきです。部下に代って部下の考えや感情を要領よくまとめるくらいに理解してやる必要があるのです。

社長の多くは、コミュニケーションというのは、飲み屋で酒を飲みながら話をすることだと考えています。ノミニュケーションで部下の悩みを解決してやっていると錯覚しています。

「一杯やりながら、とことん話し合おうや」

確かに、一杯やりながら心を開いて話ができればいいのですが、一方的に話をするだけになってしまいがちです。だから部下は社長に声をかけられると、何かと口実をつくって一緒に行かないようにしているのです。

「社長は、相談をもちかけてもがんばれと言うだけで、オレが若いときには苦労は買ってでもやった、オマエもやらなきゃダメじゃないかと〝叱咤激励〟するだけなんです」

ところが社長は「あいつはオレの言ったことに共感している。経費をかけたことはあった」と自信満々です。これではコミュニケーションがうまくいっているとは言えません。

一番困るのが、ろくに話も聞かないで「わかった、わかった」と言う社長です。社員から何か言われると、すぐに「わかった」を連発するのです。しかし社員からすると、「何がわかったのか」がわからないのです。これでは聞いたことにはなりません。

こういうタイプの社長は、人の話を聞かないで独断専行するタイプです。人の話を聞かないということは、人の話を理解しようという気がないからに他なりません。これでは社員は不満を抱きます。

社長は、是非聞く耳をもってください。**耳に痛い話でも素直に聞く社長でないと、経営戦略もずれてくる**ものです。

2

「ほう・れん・そう」ができないとどうなるか？

報告・連絡・相談は絶対条件

会社経営では、報告・連絡・相談は避けて通れません。これらを着実に行なうことで業務内容をチェックでき、問題点も見つかるのです。あなたの会社で、報告・連絡・相談が円滑にいっていないのなら、それは問題です。

部下が報告・連絡・相談にきても、「後にしてくれ」とか「わかった、わかった」を連発したり、「そのくらいのことは言われなくてもわかっている」という態度をとったりするようでは、社長としての資質を疑われます。それでいて、自分の結論だけを押しつけるのは最低の社長です。

確かに中小企業の社長は忙しいものです。忙しいときにも「いますぐ出かけなければならないので、五時までに帰るから、それからゆっくり話を聞こう」と約束し、決して部下を無視するような態度を示さないことです。約束は必ず守って、じっくりと部下の話を聞くことが大切です。

部下が相談するのは、何らかの指示・決定が必要だからで、それがないと困るからです。それが一日延ばしになってしまうことは、仕事の効率を悪くすることですし、タイムコストを社長は考えていないということになってしまいます。これは部下のやる気をなくすような管理行動です。それがひいては社内のモラールの低下につながっていくのです。

優秀な部下は、社長に対して「こうすれば良くなる」「こうやれば儲かる」という意見をもっており、話を聞いて評価してもらいたいと期待しています。たとえそうでなくても、少なくとも真剣に聞く姿勢を堅持する必要があるのです。

部下の話に耳を貸さない、話を聞いてくれない社長は、部下を信頼していないと思われることになり、部下の期待に応えていないということにもなります。

部下が積極的に社長に提案しても、部下の期待に応えようとする態度を示さないと、「もう二度と提案なんかするものか」「仕事なんか適当にやってやる」と腹の中で反発することになるのです。社長の態度・言動いかんでは部下は構えてしまうのです。

無視や軽視が部下の不満につながり、悪口、陰口を言うようになり、次第に社内のモラールの低下につながっていきます。

社長は自分から心を開いて部下の話を積極的に聞く態度を身につけなければなりません。自分自身の形成された枠だけで肯定したり、否定したり、評価してはなりません。

報告・連絡・相談がどんどんできる社風をつくる

報告・連絡・相談がスムーズにいっていない会社は、社長がそういうふうにしているのです。要するに社長自身の問題なのです。

社長には、部下を信頼し、話し合って仕事を遂行する任務があります。そうでなければ、報告・連絡・相談はうまく機能しません。そうならないためには、まず話し合える雰囲気をつくることです。「三人寄れば文殊の知恵」です。話し合いの重要性を認識してください。

部下は、指示・命令をするだけで動くものではありません。たとえ動いたとしても、心から社長を信頼しているわけではありません。社長の指示・命令にいやいや従っているかもしれないのです。会社にいるんだから、給料をもらうんだからと我慢しているだけかもしれないのです。

とくに、二代目、三代目の社長には、次から次へと一方的に指示・命令をして、部下を動かそうとする人が少なくありません。

しかし、部下の立場に立って相手の考えをよく聞かないと、会社にとってマイナスにしかならないのです。

もちろん、親密度が深ければ「オイ、オマエこうしておけ」とツーカーで意思が通じ合うのも確かです。しかし、一般的に会社での付き合いはそれほど親密度が深くならないものです。

C商事の大友社長（仮名）は、企画力にすぐれ、会社の業績をこの三年で倍以上に伸ばしてきました。二代目社長ですが、やり手なので周りは何の文句も言いません。ただ、苦労なしのところがどことなくにじみ出てしまうのです。

どんな場合でも、部下を叱るのに、大勢の社員の前で怒鳴りちらすのです。本人は大勢の前で叱ることによって、みせしめのつもりでいるのです。しかし、部下がいかに傷ついているのかがわからないのです。傷ついているなどと考えたこともないのです。

人の立場とか、気持がわからないようでは、社長としては失格です。苦労していない人ほど、人の痛さがわからないものです。

人は人の痛さがわかってはじめて一人前。地位や名誉ではなく、**人の立場や心がつかめるようになってはじめて一人前**になったと言えるのです。大友社長も、社長としてまだ一人前ではないのです。人の心や立場がわからないと、部下はやる気をなくします。

人は、人の態度や行動がわからない以上に、自分の態度や行動がわからないものです。だから聞く耳をもって他人の忠告や意見を進んで聞くようにしなければならないのです。それが、報告・連絡・相談に結びつきます。

若年ならいざしらず年配になってくると、人はなかなかズバリと直言してくれません。直言してかえって感情を害してはソンだ思うのが人の常です。「**言葉は心を表す**」ものですから、いったん口に出して相手の感情をそこなうと修復するのは、かなり難しいことなのです。

報告・連絡・相談といっても、そんなに難しいものではありません。特に指示しなくても、お互いの信頼関係が構築されていると自然と行なわれるようになるのです。

報告・連絡・相談がスムーズな会社は、社風も明るく、元気があります。その雰囲気をつくり出すのが社長の仕事です。

3

「社員の期待」がわからないとどうなるか？

社員は社長に期待している

中小企業においても、組織を活性化するには、従業員一人ひとりのやる気を引き出し、態度、行動の変容を試み、一人ひとりの行動と会社全体の行動を、具体的な目標を達成するために望ましい方向に変革しなければなりません。簡単に言えば、社員一人ひとりの意識改革が必要なのです。そのためには、会社の代表である社長がまず意識を変えることです。

個々人の行動は、個々人の特性、すなわち個々人の欲求・動機・価値観・認識のしかた・態度・関心・性格などによって導き出されるものであると考えられています。一般的には、人それぞれの性格によって行動が決められます。

「社長のあの性格ではねぇ……」

「あの社長は言ってもダメだ。天地がひっくり返ってもあの性格は変わらない」

「あの社長は、何でも自分で目を通さなければ気がすまない性格なんだから……」

人は、環境、学習、人生経験、欲求、動機、価値観（ものの見方、考え方）など、みな異なるものです。要するに同じ事柄を見るにも、一人ひとり独自のフィルターで見るということです。

目標も方針もなく、ただ仕事をまかされたとすると、誰でも独自の考え方で仕事を進めることになります。

そのため、環境・場づくりが大切で、その場づくりこそが社長の役割なのです。社長は企業の基本理念を確立し、方針を策定し、実践的な活動のタクトを振り、自己の管理行動を振り返り、聞く耳をもって社員の意見を聞き、それを謙虚に受け止め、態度、行動の変革のために努力をする必要があります。

社員の多くは、それを期待しているのです。

社員に一方的に期待を押しつけない

「ウチの会社には人材がいない」

「ウチの連中は能力がない」
「なかなか人が育たない」
「いい人材が欲しい」

中小企業の社長から、こういう不満は耳にたこができるくらい聞きました。時代が変わっても、それは変わりません。

果たして中小企業には人材がいないのでしょうか。

一般的には、人事考課の評定尺度にあるような理解力、判断力、責任感、統率力、職務知識、技能などの能力をもった人材を求めていることが多いものです。

しかし、そのような能力をもっているにもかかわらず、**社長が権限も責任も明確にしていないために能力が発揮されないことが多い**のです。社長が社員の期待やホンネがわからずに、過大な期待を社員に押しつければ、社員は能力を発揮できないのです。その結果、社長が「ウチには人材がいない」と不満を漏らすことになります。

社長がこの言葉を直接社員にぶつければ、ますます社員のやる気がなくなり、能力を発揮するどころではなくなります。

社員は社長に、こうして欲しい、こうなって欲しいという期待をもっているものです。

それに社長が気づかずに、自分の考え方を一方的に押しつけてくれればやる気がなくなり、不平不満が蓄積します。期待や意欲の裏側には、必ず不平不満があるものです。

人間は絶えず多くの欲求をもっています。絶えず何かを求めているのです。その欲求が満たされなければ不平不満が沸き上がってきます。ひとつの不平不満が消えても、また次の新しい不平不満が生じるのです。

不平不満がないのなら、それはロボットです。むしろ、この**マイナスのエネルギーである不平不満を、プラスのエネルギーである意欲、意見、提案に切り替えることを、社長は考えなければならない**のです。不平不満をやる気というプラスのエネルギーに変えられれば、社員は一生懸命働くようになります。

社員を育てるために必要な力

- □ **理解力・包容力**
  - ・社員の気持ちを読みとる
  - ・公平で社員から信頼される人格であること

- □ **決断力**
  - ・外部環境を分析
  - ・的確かつスピーディな意志決定

- □ **察知力**
  - ・危機感を持ち現状に満足しない
  - ・次の一手を常に考えて行動する

- □ **指導力**
  - ・モラールを高める
  - ・やる気を引き出せる

- □ **コーディネイト力**
  - ・人と組織を融合させて最高のパワーをつくる
  - ・やる気を引き出せる

4 「公平な評価」をしないとどうなるか？

仕事の成果を公平に評価しなければ人は育たない

あなたは、社員を公平に評価していますか？

公平な評価ができなければリーダーシップも発揮できません。リーダーシップとは、目標に向かって社員のモチベーションを高め、能力を引き出し、具体的に業務を遂行させることです。

基本的には、リーダーシップを発揮しない社長はいないはずです。社長は会社の総指揮官なのですから高度なリーダーシップがないと務まりません。

リーダーシップを発揮するには、社員を好き嫌いで差別しない、すなわち公平な目で評価するということが原点になります。換言すれば、**功績と過失の評価をあいまいにしてはならない**ということでもあります。そこで役立つのが目標管理です。

社長が、好き嫌いの感情で社員を評価するようでは困ります。社長とて人間ですから好き嫌いの感情はあるでしょう。しかし社員を評価する上で、そのことが前面に出て、社員にあからさまに知られたら社員のモチベーションは間違いなく下がります。この点については、社長はとくに注意する必要があります。

社員は業務の遂行レベルを理解してもらい、成果を評価されてはじめてやる気を出します。したがって、社員の仕事ぶりを適切に評価する公平な基準をもっている必要があります。ところが、公平な基準をもっていない社長が多いのです。

目標管理を導入していない社長は、次のような管理行動をしがちです。

□仕事の成果は何でも自分の手柄にする
□具体的な目標設定ができない
□経営方針を明確に示すことができない
□お気に入りの社員だけに権限を委譲する
□役割や評価基準などを明確化できない
□気に入った社員の過失は大目に見るが、その他の社員はひどく叱る

□社員のゴマすりも仕事のうちだという評価をする

こういう管理行動では、社員は必ず不満を抱きます。仕事の成果を公平に評価すれば、社員は仕事における充実感を心から味わうことができるのです。この点が大切です。

公平に評価するには、目標管理を導入して一人ひとりの役割を明確にし、成果主義で評価するのが一番です。そのための評価基準をきちんと決めておいてください。

モチベーションを高める評価基準

大企業には人事考課制度があり、一定の基準数値を設けて評価しています。それでも、人が人を評価することに変わりはありません。そこが社員を評価する場合に難しいところです。

好き嫌いの感情が入り込むのもやむを得ない面があります。また、いまは成果が出ていないけれど、将来は大いに期待できるという期待値もありますから、一概に数字だけで評価するのも問題がないわけではありません。

端的に言うと、公平な評価とは、社員を評価するにあたっては**信賞必罰をもって臨み、**

えこひいきしないことです。そうしなければ社員の心をとらえることができません。

そのためには、社員の仕事を適切に評価する評価基準がぜひとも必要です。目標をクリアすることが評価の基準になるのですが、事前に業績の測定方法について社員との合意が必要だといえます。

社員それぞれの業績貢献度に対する評価はかなり難しいものです。とくに、中小企業においては給与規程が整備されていないため、世間がどうなっているかに影響されたり、社長の独自の判断によって給料がアップするかどうかが決まるのが現状です。

中小企業の評価は、実績によって評価しているとは言いながら、社長が鉛筆をなめながら、「アイツはがんばっているように見えた」「アイツは反対ばかりしやがって」「アイツは一生懸命やりますと言っていたな」などと、社長の主観だけで評価していることがほとんどです。評価基準がないので、どうしても好き嫌いの感情で決めてしまうのです。

業績、能力、貢献度などに応じて評価しないと、「アイツはゴマすりだけが評価されている」「アイツは能力も実績もないのにおべっか使いだからな」「社長のほうばかり向いて仕事をしていないと評価されないんだ」というような不満が発生するのです。

「評価されないいんだったら一生懸命働いたって意味がない」

「あの仕事をやり遂げたのに、何もしなかったヤツより評価が低いんだぜ」

「評価基準もないなんていい加減な会社だ」

中小企業であっても、**貢献度とのバランスを考えて給与システムや評価システムなどを整備していく必要があります。**そのためには目標管理を是非導入してください。

企業規模も考えずに、能力・資格・人事考課などを基準にして評価するようなマニュアルを作成しても意味がありません。それは、あくまでも机上の空論にすぎません。

自分の会社の独自の人事給与システムを考えなければなりません。日本的経営の見直しなどと大上段に構えて根本的にシステムを変えるというのではなく、現在の経営システムを維持したまま新しいシステムを構築するのが手っ取り早いでしょう。

自社に合った評価基準をつくる

公平な評価をするための評価基準とはいっても、一律につくるわけにはいきません。会社それぞれに状況が違いますから、自社に合った評価基準をつくる必要があります。

その際の留意点は次のとおりです。

①目標管理の方向性がずれていないか

②達成レベルが明示されているか

③具体的なテーマが設定されているか

④スケジュール化されているか

⑤達成度合いが客観的にわかるか

⑥問題点を解決するような施策が入っているか

⑦評価基準が明確にされているか

少なくとも、この程度のことは考慮に入れて目標設定をし、評価基準をつくることが大切です。公平な評価をしなければならないのは、大企業でも、社員十人の会社でも同じことです。今後は、主体的な行動のできる社員でなければ役に立ちません。そういう社員に育てていくことが社長の役目でもあります。そのためには目標管理による公平な評価が必要なのです。

現実に目標管理を導入して成果主義で評価するようにした会社の多くは、確実に実績が上がってきています。ミスやトラブルも減っています。それだけ業務も効率的に行なえるようになっている証拠です。

5

「ほめない、叱らない」とどうなるか？

人を立てれば自分も立つ

人間は誰しも、自分は他の人間よりできるのだという自惚れがあると、人を立てることができずに自分だけイイ子になろうとするものです。これが道を狭くしてしまいます。

社長の人間的な資質としては、包容力、信頼感、誠実さ、責任感、使命感などが必要とされますが、とくに必要な資質は謙虚さかもしれません。**社長の場合は立場が立場なだけに謙虚さがないと、より傲慢な人間に映る**のです。次の項目に当てはまるなら、極めて傲慢な人間に映っているはずです。

□肩書き、知識をひけらかす
□社員の感情を逆なでする

□社員に恥をかかせても平気顔
□自慢話、手柄話ばかりしている
□社員を軽視する態度をとる
□絶えずオレがやらなきゃダメだと広言する
□社員の言ったことにすぐケチをつける
□人の話に耳を傾けない

社長に限らず、とくに嫌われるのが学歴偏重です。

「アイツは○○法学部出てるんだってな。オマエも同じ法学部だけど、三流大学の法学部だもんな。やっぱり一段も二段も落ちるって感じだな」

「この前、大学の同窓会があってな。みんな出世してるよ。オレなんか最低だったよ。オヤジの跡をついで社長だけど、気の毒みたいに言われたよ。能力のないヤツばかりを抱えて、オマエは損したなと笑われたよ」

こういう言葉がポンポン飛び出してくるのです。まさに人を軽視した言動です。社長と部下の関係であっても、人間としては対等の関係のはずです。人間そのものを軽視するのは一人前の人間のすることではありません。

言葉は、いったん口から出てしまえばとり返しがつきません。何気なしに口から出た言葉で社員の心を傷つけ、恨まれるようでは社長としての資質を疑われます。人間社会においては、人との出会いを大切にし、よりよい人間関係をつくっていくことが一番大切なことです。会社とて同じことです。絶えずそのことを自覚しておく必要があります。

年配になっても謙虚さが備わっていない社長がいますが、そういう会社は間違いなく伸びていない会社です。あなたはどうですか？

ほめない、叱らない社長は人を育てない

社長は、ほめ上手、叱り上手でなければなりません。ほめ方ひとつ、叱り方ひとつで部下はやる気を出したり、腐ったりするものです。社員を掌握し、目的を達成するには、社長自らが、目標、ルールを決め、社員が能力を最大限に発揮できるような場づくりをする役割があるのです。ところが、その場づくりをしないで、部下が失敗すると叱るどころか、陰で社員の悪口を言ったり、けなしたりする社長が実に多いのです。仕事のまかせ方が悪くて社員がミスをした場合、「正当過失」によって責任を問われるのは社長

です。「うまくやってくれ」だけの仕事のまかせ方では、すべての権限を委譲したことになりません。これは暗黙の了解にすぎませんから、社長は社員のとった行動に対してとやかく言えないのです。

計画段階から社員を参画させ、仕事の進め方を自主的に考えさせ、成果が上がるように指導・助言する配慮が必要です。**ミスしたときには叱り、成果を上げたときにほめなければ人を育てることはできません。**人は公平に評価されることを望んでいるのです。

会社においては、行動の基準・職務の基準などをきちんと決め、全従業員が遵守するように指導しなければなりません。そのためには、信賞必罰を徹底していくことです。

社員をほめたり、叱ったりすることができないということは、人を育てないということなのです。社員に関心がないとも言えます。

「私が会社に入ってから十年になりますが、うちの社長には、一度も注意されたことがありません。また、厳しく叱られたこともありません。何を考えているのかもわかりません。もっと厳しく仕事を教え込んでくれてもいいのではないでしょうか」

ある会社の女子社員の話です。社員を育てる気がないと言われても仕方ありません。

ほめるときは人前で、叱るときはマンツーマンで

社員をほめるときには、人前でほめることです。人前でほめれば、自尊心を満足させることができるからです。同じほめるのなら効果的にほめるに限ります。

ただし、ほめることとお世辞とはまったく異なります。成果を上げたからといって、白々しくベタぼめする必要はありません。ひと声かければいいのです。「よくがんばってくれた」とさりげなく声をかければいいのです。しかし、叱り方は気をつけなければなりません。なぜならば、叱り方ひとつで社員はやる気にもなりますし、逆に労働意欲を失ってしまうからです。では、叱るときにはどのような注意が必要なのでしょうか。

□タイミングよく、マンツーマンで（時間がたつと効果がない）
□具体的に叱る（なぜ叱られているのかをはっきりさせる）
□いつまでもグチグチと叱らない

叱るときは、ただ厳しく叱るのではなく、社員の良いところを見つけて、まずほめて

から叱るのがコツです。ミスをしたときは、その場でタイミングよく、たとえば応接室などに呼び込んで、ほめるところはほめながら、ビシッと叱ることがポイントです。できるだけマンツーマンで叱ります。

もちろん、**〝人を見て法を説け〟といわれるように、部下によって対応の方法を変えなければなりません。**このことを心に銘記しておくことです。

ミスしても叱らずに、陰で悪口を言ったり、「能力がない。うちには人材がない」とこぼすのは愚の骨頂です。本人のいないところで悪口を言うのは、どこでどのような尾ひれがつくとも限りません。陰でほめるのは効果がありますが……。

タテマエとホンネの使い分けができないとトラブルを招く

タテマエとホンネ。あまり響きのよい言葉ではありませんが、世の中を渡っていくひとつの処世術です。人間関係を円滑にするためには、この使い分けができないと思わぬトラブルを招きます。とくに社長という立場は、使い分けて社員をリードしていく必要があります。ところが社内ばかりでなく、取引先などにホンネをぶつけて失敗している社長も少なくありません。相手の気持ちを察しないで、ストレートにホンネをぶつけるのです。これではトラブルの種を蒔いているようなものです。

人は年とともに円熟味が増して、円満な人格になっていきます。それは、他人に対する思いやりが増してきて、人の心がわかるようになってくるからでしょう。

ところが、いくつになっても人の心がわからずに、「オマエは営業マンとして無能だ」などと平気で口にする社長がいます。人の心にグサリと突きさすようなものの言い方をすれば、誰だって反感を抱きます。こういう人は、概して人の話を聞かないタイプの人です。換言すれば自分勝手なのです。大人になり切れていないといっても過言ではありません。そのため職場の対人関係ばかりでなく、あらゆる面でトラブルを招くことになります。

社長には、多くの人を包み込む包容力が必要です。包容力があればこそ、タテマエとホンネがうまく作用します。**社員をほめたり、叱ったりするときにも、タテマエとホンネを使い分けてください。**本人がよかれと思って言っているつもりでも、言われているほうでは反発していることが多いものです。口に出して反発しているのならわかりますが、腹の中で怒り心頭に発しているというときには、ズケズケと言っているほうにはわかりません。ちょっと視点を変えれば、部下をうまくコントロールできるはずです。

6

「命令の一元化」を無視するとどうなるか？

ルールはしっかりと守る

M製菓の相川社長（仮名）は、年度当初に、全社員を集めて次のように公言しました。

「今年度売上目標を達成したら全員をハワイ旅行へ連れていく」

その効果もあってか、年度末になって売上目標を達成したのです。それも一二五％という好成績でした。当然、社員はハワイ旅行がいつ行なわれるのか楽しみにしていました。

ところが年度末を一カ月過ぎても、相川社長はいっこうにハワイ行きの計画のかけらすら切り出さないのです。半年たっても社長からひと言の釈明もないので、社員は社長に対して不信感を抱くようになり、会社全体のモラールが低下してしまいました。

相川社長は、目標を達成したら、本当に全員連れて行くつもりだったのです。

ところが実施の段階で、父親である会長から、「この不況期にムダガネを使うな。社員を甘やかして会社が存続したためしはない」などと圧力をかけられ、ダンマリを決め込んでしまいました。

年度方針を示す前に、きちんと関係者に根回しもせず、自分の方針を口に出した報いでしょう。社長がいったん口に出したことは会社の意思だと、社員が受け取るのは当然です。

実行しようにも、全社的な判断で実施できないという場合もあるかもしれません。**社員に約束する場合には、社長のひと言の重みを考慮して発言すべき**です。何気なしに言ったことがヘタな憶測を招いたり、部下を振り回したりすると、モラールの低下につながります。

社長であるから何を言ってもいい、自分の尺度が会社の尺度だなどと考える社長が多いのですが、一度自分が決めたルールはきちんと守らなければなりません。

正当な理由がない場合にルールを無視すると組織は綻びていくのです。

社長は、自分に厳しく、会社のルールを率先して守る必要があります。自分がきちんとルールを守り、社員にもルールを徹底して守らせることが必要です。もちろん、自分勝手にルールを変えてはいけません。

ルールを確立しないとチームワークづくりができません。言ったことをいっさい実行しないで平気でいられるような社長に、誰がついてくるというのでしょうか。

「社長は口先だけだ」

「社長の約束は信じられない」

こういう陰口を叩かれるようでは、社長としては失格です。

たとえ数人の小規模企業であっても、社長がルールを破るようでは会社にまとまりがなくなっていきます。会社の業績が向上しないのは当たり前です。

命令一元化のルールとは

違う観点から、もうひとつルールについて考えてみましょう。**命令一元化のルール**です。

小企業においては、社長が一般社員に対して、直接、指示・命令することが多くあります。部下の直属の上司を飛ばして上位役職者が、ましてや社長が担当者に直接、指示・命令することは少なからず問題となります。

それがバイパス管理といわれるもので、飛ばされた者は自分の立場を無視されたということで、やる気をなくすことになりかねません。

「社長が直接担当者に指示したんだから、オレは知らないよ」

「社長が直接担当者にやらせたんだから責任は社長にある」

こんな会話が社内で交わされていることを社長はご存知ないのです。

なぜバイパス管理がいけないのかというと、社長は「命令一元化の原則」に立脚していなければならないからです。

もちろん原則ですから、日常の管理行動が原則どおりに行くというわけではありません。あくまでも原則をわきまえて、日常の管理行動をとっているのと、そうでない場合とでは異なってきます。

たとえば中間管理者などが、営業などで出張に出かけた際、社内で緊急に処理しなければならない問題が生じたとします。中間管理者が帰社してから処理していては間に合わないということになった場合、上位役職者が直接、担当者に指示・命令するとか、報告を聞くということがあるものです。

その際は、上位役職者は中間管理者が帰社してから、ひと言断わっておく必要があります。

「このように担当者に指示しておいたから」

命令一元化の法則

① １人の上司からだけ命令を受ける

② １人の上司だけに報告する

③ 命令を与えるのは１人

④ 命令は確実に末端まで届く

⑤ 誰もが１人以上の上司を持ってはならない

「緊急に処理することがあったので、担当者に処理を指示しておいたから、経過について報告を受けておいてください」

「あなたのいないときに、緊急な案件を処理しなければならなかったので、命令を出しておいたのですが、経過について押えておいてください」

このように、ひと言断わっておくことがやる気を失わせない一番のポイントです。コミュニケーションの欠如によるトラブルを回避するポイントでもあります。

命令は一元化されるのが原則です。

7 「ワンマン」に歯止めがかからないとどうなるか？

何でもかんでも自分がルール？

中小企業は、良くも悪くもワンマン経営です。伸びている会社の社長は、抜群のリーダーシップを発揮しています。社長は、強力なリーダーシップを要求されるのです。そういう意味では、「ワンマン＝強力なリーダーシップ」という図式も成り立ちます。

しかし**強力なリーダーシップは、部下が納得してくれることが絶対条件**です。それがわかっていないと、たとえば会議で、社長だけがベラベラとしゃべったり、一方的に意見を押しつけたり、指示・命令をしがちです。つまり部下に発言させないのです。この傾向が強まると、オレがルールだという超ワンマンになってきます。

そうなると、部下は次のような陰口を叩くことになります。

「自分だけが発言して自己満足している」

「また例によって始まったな」

「自分でしゃべって自分で結論を出すんだから、何のための会議だかわからないよ」

しかし社長は、そんな棚卸しをされているとはつゆ知らず、会議でまくしたてるのです。社員は聞いているふりをしているだけなのです。

「会議をやるって言ったのか、オレが……。何の会議だ？　とにかく今日はなし。今日は忙しいんだ」

ここまでくるとワンマンというよりは単なるバカということになるのです。無謀以外の何ものでもありません。

ルールというのは、物事がスムーズに行なえるようにつくられるものです。自分だけに都合のよいルールは、自分の身勝手さを露呈しているだけで、社長という前に人間そのものの評価を下げるだけです。

自分の都合だけでルールを曲げられては社員はたまったものではありません。

「オマエらがしっかり働かないから売上が減ってきた。明日から八時に仕事開始で、夜七時まで仕事をすることにした。とにかく実績が上がるまでがんばるんだ」

仕方なく、次の日、社員はしぶしぶ八時に出勤するでしょう。しかし社長が十時すぎて出社するようでは、誰も納得しません。中小企業の社長は自分で範を示してこそルールを確立できるということを忘れてはなりません。

部下を決定に参画させよ

中小企業は、大企業とは異なり、生業や家族的個人企業の延長という組織が大半です。いちおう会社の形態をとってはいるものの、実態はワンマン経営です。ワンマン経営にならざるを得ないというのが現状でしょう。

したがって、社長がすべての意思決定をしています。部長、課長はいるものの、本当の意味での権限委譲はなされていません。社長も、権限委譲がどんなものなのかがわかっていないというのが本当のところです。

ですから、ある程度の規模に成長したとしても、相変わらずワンマン経営を続けていることが多いのです。いちおう取締役会を開いて、重要事項について諮るものの、最終的には社長が独断で決定しています。仕事についても、いちいち指示・命令を出して、指示・命令どおりに社員を動かそうとしがちです。

そうなると、会社が順調にいっているときはいいのですが、**ひとたびつまずいたり、**

社長が暴走することになると、いっこうに歯止めがかからずに倒産まで一直線――ということにもなりかねません。

意思決定のあり方には、トップのワンマン的決定や、少数の役員や管理者で決定するもの（多くは合議制の形をとっているが、中小企業ではほとんどトップが決定してしまう）があるのですが、意思決定の段階から部下を参画させる必要があります。

会議は、メンバーが自由に発言でき、関係者全員が何らかの形で意思決定に参加できるようなシステムにすることが大切です。

8 「社長のひと言」の影響がわからないとどうなるか？

社員は社長のひと言に敏感に反応する

社長は自分の言葉に責任をもたなければなりません。なぜなら、社長のひと言に社員は敏感に反応するからです。これはきわめて重要なポイントです。

「君、これくらいのことがわからないのか。こんなことは常識だぞ」

「君のやったことは非常識だ」

このように人前で、心臓をグサリと突き刺すようなものの言い方をする社長が少なくありません。そのひと言が、ダメな社員をつくるのです。

自分が誤っていると思って行動している人はいません。人には、それぞれプライドがあります。そのプライドを傷つけるような言動は御法度です。

「社長はあんなことを言って、どれほど彼が傷ついているかわかっているのだろうか」

「せっかく彼が一生懸命に企画書をつくって提案しているのに、社長が無視したんだ」

こんな反発を招くようでは、社員の能力を引き出すことは金輪際できません。

また、ある社員には「ものわかりのいい」と社長と見られ、他の社員には「非常に厳格な」態度を見せ、またある社員に対しては「真正直な人間」、またある社員には「ルーズな人間と」いうように、異なった評価を受ける社長もいます。これは適切な態度・行動の使い分けができていない証拠です。これでは困ります。

社長は、社員の性格、能力などを適切に判断して言葉を発する必要があるのです。言葉は魔法の杖にもなり、相手の心を切り裂くナイフにもなるのです。

そのあたりの感覚に敏感でないと、次のような定説が形成されてしまうのです。

□人の気持がわからない人だ
□人の使い方が下手だ
□苦労知らずだ
□ヒューマンスキルを知らない社長だ
□大人になりきれない人だ

このような評判が定着してしまうと、何をやっても悪循環で職場の雰囲気がどんどん悪くなっていくのです。

「何でこんなくだらない企画しか出せないんだ」

「検討した結果がこれかよ。バカバカしい。どう考えているんだよ」

こういう言葉は能力を云々するというよりは、人間性をも否定することになります。人間として無能なヤツだと言っているに等しいのです。やること、なすこと、すべてが気に入らないと、「オマエは一生懸命やってこれかよ」などと平気で社員を傷つけるのです。そのくせ、自分の言動は正しい、誤りがないと思っているのです。

聞く耳をもって相手のことを尊重するという姿勢が、相手がどのような言動によって傷つくかを理解することになります。自分自身をよく見て欲しいところです。

社員一人ひとりのパーソナリティを理解する

社長は、ざっくばらんに話をして、部下のホンネを引き出す必要があります。会社は効率化を追求していかなければなりませんが、それぱかりに終始すると、人間関係に対する配慮が疎かになりかねません。

会社内の人間関係がギスギスすれば、必ず業務遂行に悪影響が出てきます。人は絶えず不平不満をもっているものですが、その不平不満を知ったうえで、どうモチベーションを高めていくかが問われます。不平不満というマイナスのエネルギーをプラスのエネルギーに変えることができるのが本当のリーダー（社長）です。

不平不満を抱いて仕事に取り組んでいる状態から、やる気を引き出し、目標に向かって邁進するようにしむけるには、まず**ホンネを引き出す必要**があります。そのためには社員一人ひとりの人間性を把握することです。

「彼は何か言うと必ず反発してくるから遠回しに言おう」

「彼は直情型だから……」

「彼はおっとりしているから……」

「彼はプライドが高いから……」

そのためには、仕事の面だけではなく、個人的な事情にまで関心をもつことです。社員に無関心では特性はつかめませんし、ホンネも引き出せません。人間社会は、タテマエとホンネの世界ですから、タテマエの部分とホンネの部分をよく把握しておかなければなりません。

「社長が社員を理解するには三年かかる、社員が社長のことを理解するのには三日でいい」と言われます。社員のホンネを聞き出す必要があるのは、そのためです。

とはいえ、社員はおいそれとはホンネを話してくれません。自分から社員の立場に立って、社員の言いたいことを相ヅチを打って聞いてやるという包容力が必要なのです。

社長といえども、社員一人ひとりのパーソナリティを理解し、接する態度にも気配りを忘れてはなりません。

あの松下幸之助は一度会った社員のことは細かいことまで覚えていて、二度目に会ったときの会話にそのことを入れることができたと言われています。社員に対して気配りをすれば、社員がそれに大いに応えてくれるという効果を知っていたのです。

評価されて腐る社員はいません。パーソナリティを理解するとは、相手を最大限に評価しようとする姿勢でもあるのです。

9

「清濁併せのめない」とどうなるか？

自分の考えだけが正しいと思っていると……

「本当に自分のやっていることは正しいのだろうか」

このように自問自答するのも、社長としての務めのひとつではないかと考えます。

誰しも自分は正しいと思って行動しているものです。ところが自分は正しく、他人は間違っているとして他人を責めたり、トコトン追い込んだりするのは、端から見ていると非常に危険な状況に映ります。人間性そのものに疑いをもってしまうのです。

たとえ自分は曲ったことは嫌いで、世間ズレしている者や老獪な人間は嫌いだとしても、敵視するのはほどほどにすることです。必ず強い反感を相手に植えつけてしまいます。

そうならないためには「自分は正しいのだ」「自分は間違っていない」「他人のやること、なすことが気に入らない」などという**自惚れと、一人よがりの潔癖さを避ける**ことです。

「他人は教師である」と絶えず謙虚な姿勢で接することこそ、社長に求められる資質なのです。昔から「商人と屏風は直ぐには立たぬ」と言われてきました。屏風は折って立てないと倒れてしまいます。商人も真正直ではやっていけないという意味です。とはいえ真正直がダメで、不正を働いて儲けろということではありません。正しいからといって、理屈ばかりを押し通したり、自分の考え方だけで商売をしてはならないということです。

真正直で融通がきかなければ顧客のニーズにも柔軟に対応できませんから、商売は成り立たないのです。

社長には、ある面では清濁併せのむ器量が必要です。世の中がすべて理屈通りにいけばいいのですが、そんなことはまずあり得ません。ビジネスの主体は紛れもなく人間そのものです。それぞれ感情も、価値観も違う人間が動かしている以上、清濁併せのむことも必要なのです。

「水清ければ魚住まず」、「水清ければ大魚なし」と言われますが、まさにその通りです。あまりに正論ばかりぶったり、細かいところまで目が行き届きすぎると人は寄ってこないものです。

清廉潔白な人には、「嘘も方便」の年配者が世間ズレして、老獪だと映るのもいたしかたないことかもしれません。しかし、それも人間関係を円滑にする知恵だと考えれば、一概に否定するのは考えものです。

不惑の年というか、少なくとも四十歳前後になったら、清濁併せのむくらいの度量を備えることが必要です。そうでないと、人から“青二才”と見られてしまいます

「嘘も方便」は人を見て法を説けということ

昔から「言葉は心を表わす」とか「人の口に戸は立てられぬ」「口と財布はしめるが得」などと言われてきました。言葉とは恐ろしいものです。

言葉は、いったん口から出してしまえば取り返しがつきません。日頃、対人関係で一番困るのは、何気なしに口から出た言葉によって他人の心を傷つけ、恨まれることです。日常の対人関係においては、口を慎まないと間違いなく反感を買うことになるのです。

何度も言いますが、社長は、まず聞く耳をもって社員に接することです。その上で清濁併せのむくらいの器量がないと、社員の言葉に素直に耳を傾けることはできません。

そうすることで、はじめて自分の耳に痛い情報も入ってくるのです。この**耳に痛い情**

報こそ、会社の運命を左右することになるのです。

「そんな企画では業績が上がるはずはない」

「オマエの考え方は間違っている」

「そんな思いつきで、儲かると思っているのか」

社員がひと言発言すると、このようにすぐさま反論してしまうようでは器量が小さいと言われても仕方ありません。反論も言い方次第でモチベーションを高めることになるのです。

「君の考え方のここは取り入れるとして、この点はもう少し検討してみてはどうか」

「企画としてはかなり優秀なものだと思うんだが、会社の資金や人員を考えてもう少し手直ししてみないか」

こういう言い方をする必要があるのです。つまり、部下の性格や気持を考えて前向きな気持ちが出てくるように発言する必要があるのです。いわば〝人を見て法を説け〟ということです。

部下の考えをしりぞけてばかりいると、部下は意見を言わなくなります。

社長には、我慢も必要です。**社長のほうが一枚上手**でなければ経営などできるものではありません。社員を傷つけないように思いやることで、いずれは会社に利益がもたらされてくるのです。

それがズルイ、間違ったことだと言っているようでは社長は務まりません。部下の能力を引き出すこともできません。

ビジネス場面では、清濁併せのめないとうまくいかないことが往々にしてあります。**理屈で勝っても勝負に勝てるとは限りません。**値段が安いからといって商談が成立するわけではありません。なぜならば、ビジネスとは人が最終的に決めるものだからです。決定権はあくまでも感情の動物である人間にあるのです。

あまりにも杓子定規に物事を考えると、あるいはそれを押し通すと、相手は反発することになります。融通がきかない人は、基本的には清濁併せのめない人なのです。社交性もありません。

独断と偏見で言うと、清濁併せのめる人ほど、ビジネスマンとしては、視野も広く、柔軟性があり、活躍している人が多いようです。

清濁併せのむということは、相手の汚い部分（嫌な部分）でも、飲み込むほどの大きな器量をもつということなのです。

10

「公私混同」しているとどうなるか？

目にある公私混同

中小企業の社長がワンマンになりがちなのは、ある程度はしかたのないことかもしれません。ただし、それが**公私混同につながるようでは、会社が傾く原因になりますから自戒すべき**です。

T物産の後藤社長（仮名）は、役所勤務の後、有力代議士の私設秘書として人脈を広げていき、政治活動に邁進していた時期もありましたが、その後T物産を創業しました。

後藤社長は、社長であるのか、先生なのか、秘書であるのかわからないほど、毎日忙しく飛び回ります。朝から、商売に専念せず、従業員にまかせきりで、知人にゴルフ場を紹介したり、市会議員を知人のために動かしたりしていて、外部から見ても経営に専念しているとは思えませんでした。

後藤社長は、有力代議士の私設秘書として培ってきた人脈によって、地元の有力者に対する影響力も大きく、後藤社長のひと言によって市会議員も動くというような有様でした。

しかし、虚勢を張って人を意のままに動かすには、それなりに付き合いのカネがかかるものです。その資金はどこから出したかというと、結局のところ、T物産のほうからのつまみ食いです。選挙があれば市会議員に陣中見舞いを配っておき、有名人にはそれ相当の気張った接待をしていました。財産家だったのでおだてには弱いのです。

「社長、何とかしてください」

「社長でなければできないからお願いします」

こう頼まれると、イヤとは言えなかったのです。

「よしオレがやってやる」

何でも気軽に引き受け、T物産の金庫からカネを出し続けました。何かあると、会社の金庫からカネを出すという公私混同の経営を続けたのです。その結果、代議士秘書の顔で結構よい得意先を獲得していたにもかかわらず、T物産は赤字経営を続けることになりました。

景気が傾き始めた途端、売上も驚くほど低下して会社の資産を売り食いするまでになっていったのです。社員も社長の公私混同の経営姿勢に嫌気がさし、定着することもなく、残ったのはイエスマンばかりになっていました。

そうなると、坂をころげ落ちるように赤字が雪ダルマ式に増え、ついには倒産です。後藤社長は、何もかも失なって、どうにもならなくなって死を選ぶまでになってしまいました。

いくらオーナー経営者とはいっても、公私混同には限度があります。**やっていいことと悪いことの意識が希薄になってくると公私混同が始まる**のです。

社長の公私混同が始まると社員のモチベーションは間違いなく下がります。それがわからないようでは社長とは言えません。

公私混同は間違いなく破滅への道！

N産業の山方社長（仮名）も、T物産と同じような道を歩みました。山方社長も役所勤めをやめ、市会議員を二期ほどつとめ、N産業を創業しました。市会議員だったときの人脈から得意先も多かったのですが、やがて、周りから一人散り、二人散りといった状況となり、次第に苦しくなっていったのです。

そんな中で、社有地を大型スーパーがかなり有利な条件で購入してくれることになりました。その資金を投入すれば、まだ会社を再生することが可能だったのですが、その資金を自分の息子の住宅を建てるために使用してしまったのです。

「息子が結婚することになったので、売却代金のほんの一部を使って家を建てることにした。会社のものは、もともとオレのものなんだから、会社のカネを使ったって問題はないだろう。そのうち返せばいいんだから。会社の借金なんてオレが返してやるよ」

しかし売却代金の一部ではなく、全部を息子の新居のために使ってしまったのです。売却代金があれば、その時点においては赤字をすべて整理できたはずなのに、その後も赤字を抱えたまま、多額の借入金の借り替えに奔走することになってしまったのです。

その後、借金を次々に繰り返し、私（筆者）にまで何回となく融資の斡旋を依頼することになり、とうとう息子の住宅まで売るハメになってしまいました。そのときには不動産価格が落ち込み、借入金をすべて賄うまでにはいかなかったのです。それでもまだ虚勢を張り続けていました。

その頃は台所は火の車で、資金繰りに追われていたに違いありません。私は、その後何度か電話を入れていたのですが、連絡がとれなくなってしまいました。

実は社長は心労から心臓発作を起こし、入院していたのです。負債総額が二〇億円にまで達して、会社もとうとう倒産してしまいました。会社ばかりでなく、担保にしていた自宅まできれいさっぱりと金融機関のものとなりました。

公私混同の経営姿勢は中小企業の社長の常ですが、**「会社のものは会社のもの」**という意識がなければ、会社は滅びへの道を進むことになりかねません。

創業は容易ですが守成は難しいと言われます。山方社長も公私混同をしないで、土地を売却した時点で経営一筋に打ち込んでいれば、こんな悲劇はなかったはずです。

公私混同すれば間違いなく破滅の道を歩むことになります。中小企業の社長は基本的にはオーナー社長ですから、会社の金庫も、自分の財布も同一と錯覚してしまうのです。自分がつくった会社なのだから自分の自由にできる、という考え方を捨てない限り、まともな会社にはなりません。発展することはないのです。

わかっていても、なかなかできないものですが、社長としての責任という面からみると、公私混同はきわめて無責任なことだと言わざるを得ません。

ある面では、中小企業の社長という立場はしんどいばかりで、責任は重く、それに見合った報酬がないということも言えます。とくに最近の不況では、そういう傾向があります。

しかし社長という立場にいる以上、社会的な責任を常に意識する必要があります。本来なら公私混同するような姿勢自体が間違っているのです。厳しいようですが、こういう気持ちをもって経営にあたることが、結果的には会社を伸ばしていくことになるのです。

間違っても、公私混同して会社をつぶしてしまったというようなことがないようにしていただきたいものです。

益々のご活躍をお祈りいたします。

（本書は二〇十四年、小社より刊行した『これこそ！　社長の仕事』に加筆・改訂・改題をほどこし、刊行したものです）

【著者紹介】
原田繁男（はらだ・しげお）

早稲田大学大学院政治学研究科修士課程修了。東京都職員を経て事業経営 25 年。中小企業近代化審議会専門委員、産業構造審議会住宅都市産業部会ワーキングスタッフ、産能大学総合研究所講師、その他各種団体役員などを歴任。著書多数。元、（社）全日本能率連盟認定マスター・マネジメント・コンサルタント。経営士。社会保険労務士。

倒産しない強い会社をつくる　社長の仕事

2018 年 7 月 18 日　　第 1 刷発行

著　者——原田繁男

発行者——徳留慶太郎

発行所——株式会社すばる舎

東京都豊島区東池袋 3-9-7 東池袋織本ビル　〒 170-0013

TEL　03-3981-8651（代表）　03-3981-0767（営業部）

振替　00140-7-116563

http://www.subarusya.jp/

印　刷——ベクトル印刷株式会社

ISBN978-4-7991-0732-4